HEYNE‹

Elena-Katharina Sohn ist die Gründerin der Agentur »Die Liebeskümmerer«. Seit dem Jahr 2011 haben sie und ihr Team sich auf psychologische Dienstleistungen rund um Liebeskummer, Liebe und Beziehungen spezialisiert. »Das Buch, das dein Herz gern lesen würde« ist das vierte Buch der Bestseller-Autorin, deren Arbeit den Streamingdienst Netflix zur Produktion der romantischen Komödie »Die Liebeskümmerer« inspirierte. Informationen zu den Beratungsdienstleistungen, Gruppen- und Reiseangeboten sowie Online-Kursen der Liebeskümmerer: www.die-liebeskuemmerer.de

ELENA-KATHARINA SOHN

Das Buch, das dein Herz gern lesen würde

10 Fragen für ein glückliches L(i)eben

WILHELM HEYNE VERLAG
MÜNCHEN

Penguin Random House Verlagsgruppe FSC® N001967

Originalausgabe 01/2024

Copyright © 2024 by Wilhelm Heyne Verlag, München,
in der Penguin Random House Verlagsgruppe GmbH,
Neumarkter Straße 28, 81673 München
Redaktion: Olivia Kuderewski
Umschlaggestaltung: Eisele Grafik-Design
Satz: Satzwerk Huber, Germering
Druck: GGP Media GmbH, Pößneck
Printed in Germany
ISBN: 978-3-453-60653-1

www.heyne.de

FÜR VIGO

INHALTSVERZEICHNIS

Liebe Leserin und lieber Leser,
liebes lesendes Herz,

ich habe lang überlegt, ob ich dieses Buch mit einem Vorwort beginnen soll. Denn, um ehrlich zu sein, lese ich
selbst Vorworte nie, sondern fange immer gleich mit dem
»richtigen« Inhalt an.

Bei meinen letzten zwei Büchern habe ich deshalb auf ein
Vorwort verzichtet. Aber diesmal ist es ein bisschen anders. Ich schreibe *Das Buch, das dein Herz gern lesen würde*
und habe das Gefühl, dass es vorab – im wahrsten Sinne
eines *Vor*wortes – einiges zu sagen gibt. Denn gleich wird
es vermutlich sehr schnell sehr emotional, es wird vielleicht sehr tief gehen. Und ich weiß, dass ich dir damit
eventuell einiges abverlangen werde, was sowohl Lese-
Freude als auch Lese-Traurigkeit bedeuten kann. Mir ist
wichtig, dass du darauf vorbereitet bist.

Die Tiefe dieses Buches ist dem Umstand geschuldet, dass
es die Essenz meiner täglichen Arbeit mit Menschen, die
unter »Liebes-Kummer« aller Art leiden, enthält, und
zwar aus über einem Jahrzehnt: *Die zehn Fragen für ein
glückliches L(i)eben* sind jene Fragen, die im Rahmen von
mehreren tausend Beratungsprozessen am allerhäufigsten
entscheidend waren, wenn es für Menschen zu dem von
ihnen so sehr ersehnten Wendepunkt kam: vom *Kummer
mit der Liebe* zurück (oder endlich, das erste Mal!) auf den
Weg zum *Lebens- und Liebesglück*. Bis zu diesem Punkt

waren in der Regel schon zahlreiche Tränen geflossen und jede Menge Emotionen besprochen worden. Anders gesagt: Wir haben längst nicht mehr an der Oberfläche gekratzt. Das spiegeln die folgenden 254 Seiten.

Da ich dir von den zehn Fragen in Form von wahren Fallgeschichten aus meiner Praxis berichten werde, klingen sie teilweise sehr umgangssprachlich. Im Sinne der Authentizität habe ich nämlich entschieden, sie innerhalb der Erzählungen nicht zu »glätten« oder zu verallgemeinern, sondern sie exakt so zu zitieren, wie sie im Rahmen der echten Beratung jeweils aufgetaucht sind. Natürlich steht jede der zehn Fragen aber für ein größeres Thema und wirklich nur exemplarisch für viele weitere Formulierungen, mit denen man sie genauso gut ausdrücken könnte. Der Frage »Was ist bloß verkehrt mit mir?« bin ich beispielsweise in anderen Konstellationen auch als »Weshalb bin ich nicht liebenswürdig?« begegnet, als »Was mache ich nur falsch, dass ich schon so lang allein bin?« oder »Weshalb schaffe ich es einfach nicht, einen Partner zu finden?« Im Anschluss an jede einzelne Geschichte ordne ich die zitierte Frage daher für dich in den übergeordneten Kontext ein.

Ich vermute, dass viele der Menschen, von denen ich dir berichten werde, »ihre« Frage vorher schon mal irgendwo gehört haben – aber noch nie *ernsthaft* durchfühlt und durchdacht. Genau das macht jedoch einen großen Unterschied. *Die zehn Fragen für ein glückliches L(i)eben* haben meiner Erfahrung nach das Potenzial, in puncto Lebens- und Liebesglück echte »Game-Changer« zu sein. Sich ernsthaft auf sie einzulassen und sie sich zu beantworten, kann ALLES verändern. Denn meist ist die Wurzel des Kummers mit der Liebe – von der Trennung über das Nicht-loslassen-Können oder die komplizierte Partnerschaft bis hin zu Affären, Einsamkeit und emotionaler Abhängigkeit – irgendwo in den Antworten auf diese Fragen zu finden. Und das, obwohl oder vielleicht gerade weil sie alle in erster Linie mit der betroffenen Person selbst und nicht so sehr mit ihren äußeren Umständen zu tun haben. Das liegt daran, dass, meiner tiefsten Überzeugung nach, glückliche Liebesbeziehungen und ein positives Erleben der romantischen Liebe überhaupt nur dann möglich sind, wenn wir auch als Individuen, unabhängig von einer Partnerschaft, glücklich im Leben stehen. Nur so können wir zum Beispiel frei entscheiden – und nicht aus einem Gefühl der Unsicherheit, Bedürftigkeit oder Einsamkeit heraus –, wen wir an unserer Seite haben wollen. Nur so kann es gelingen, dass eine extrem schmerzhafte Trennung dennoch nicht zur tiefen Lebenskrise wird. Und nur so sind wir gelassene, konfliktfähige und an gemeinsamem Persönlichkeitswachstum interessierte Partner für unser Gegenüber. Deshalb achte ich auch immer sehr auf die Reihenfolge: Lebens- und Liebesglück. Erst kommt das eine, dann das andere. Nicht umgekehrt.

Natürlich erheben meine zehn Fragen dennoch keinen Anspruch auf Vollständigkeit. Die Liebe und damit auch der Kummer mit der Liebe sind, wie das Leben selbst, so unglaublich individuell und verschiedenartig, dass es immer Ausnahmen und viele weitere Lösungswege geben wird. »Meine« zehn sind diejenigen, die mir am häufigsten begegnet sind und den meisten Menschen in meiner Praxis helfen konnten. Die Wahrscheinlichkeit, dass auch du dich in ihnen wiederfinden wirst und sie dich dabei unterstützen können, (noch) glücklicher zu leben und zu lieben, ist daher groß. So, und nun noch zwei praktische Hinweise, bevor es losgehen kann:

Aus Gründen des Persönlichkeitsschutzes der Menschen, über die ich schreibe, habe ich selbstverständlich deren Namen und alle signifikanten Rahmendetails ihrer Geschichten verändert. Sollte es dennoch zu Ähnlichkeiten mit »echten« Personen kommen, so ist das reiner Zufall – oder es liegt daran, dass wir fast alle den Kummer mit der Liebe kennen und er immer wieder ähnliche Probleme bereitet.

Von nun an werde ich aus Gründen der besseren Lesbarkeit an vielen Stellen aufs Gendern verzichten. Als ich vor zwölf Jahren mit meiner Agentur »Die Liebeskümmerer« startete – das finde ich in diesem Zusammenhang ganz interessant –, waren rund 90 % der Menschen, die sich an uns wandten, weiblich. Heute sind wir bei einem 50:50-Verhältnis zwischen Frauen und Männern angelangt.

Dieses Buch ist ausdrücklich für alle Menschen, unabhängig von Aspekten wie Geschlecht, sexueller Orientierung, Alter, Klasse oder Herkunft. Und vor allem: für all ihre Herzen.

Alles, alles Liebe und viele gute Lesemomente,

Deine Elena

1.

»Is this the real life?
Is this just fantasy?«

Liebst du eine Illusion?

Wenn man genau hinschaut, verrät einem der Körper eines Menschen oft schon erstaunlich viele Details über ihn, noch bevor man sich überhaupt kennengelernt hat. Das können naheliegende Dinge sein, die man anhand der Kleidung erkennt – was derjenige beruflich macht, welchen Sport er treibt, vielleicht, welche Musik er liebt. Aber auch viel Tieferes lässt sich häufig schon allein an der Körperhaltung, der Mimik oder den Bewegungen eines Menschen erkennen: Wie selbstbewusst ist er? Wie leicht oder schwer nimmt er das Leben? Geht es ihm psychisch gerade gut oder schlecht?

Ich betreibe dieses »Lesen« von Körpern im Kontakt mit meinen Klienten intuitiv, so wie jeder von uns es im Alltag macht, aber darüber hinaus achte ich auch ganz bewusst und intensiv darauf. Die Menschen, die zu mir kommen, haben ihren Kummer meist schon so durchdacht, dass ihnen *vom Kopf her* oft vollkommen klar ist, was sie tun müssten, damit es ihnen besser geht. Aber *vom Herzen her* schaffen sie einfach nicht, das auch umzusetzen. Indem ich dann den Körper eines Menschen in das Gespräch mit einbeziehe (ich weiß, das klingt hier etwas abstrakt, aber es wird an verschiedenen Stellen im Buch noch klarer werden), kann ich ihn den Weg aus seinem Schmerz *fühlen,* anstatt nur kognitiv begreifen lassen. Das kann echte Wunder bewirken.

Manche Körper von Menschen verraten mir auf Anhieb mehr, andere weniger. Und bei manchen verkörpert sich der Kern ihres »Problems« in einer Weise, die mich selbst überrascht. So ging es mir bei Michaela, die an einem verregneten Mittwoch im Sommer 2017 das erste Mal zu mir kam.

Zwei Minuten vor der vereinbarten Uhrzeit klingelte es in meiner Praxis. Ich habe die Angewohnheit, dann in den kleinen Flur im Eingangsbereich zu gehen und die Tür schon zu öffnen, sodass ich höre, wie meine Klientin oder mein Klient die Treppe nach oben kommt. Michaela, das fiel mir sofort auf, hatte einen sehr energischen Gang. Mit festen Schritten trat sie Stufe um Stufe. Einmal stolperte sie allerdings, es polterte ein wenig, sie zischte leise ein Schimpfwort. Doch als Michaela schließlich vor mir stand, war von ihrem Ärger nichts mehr zu erkennen. Ich sah mich einer ziemlich forsch dreinblickenden Frau um die vierzig gegenüber, mit dunklem Haar, das mich spontan ein wenig an die Nena der 80er-Jahre erinnerte: Vorn mit Pony und toupiert, nach hinten schulterlang und etwas wild. Michaela war etwas füllig, trug beigefarbene sportliche Cargo-Shorts blaue Ballerinas mit einer Schleife auf der Schuhspitze und ein weißes hüftlanges Top mit Spaghettiträgern. Dank dieses Oberteils fiel mir sofort auf, dass Michaela – vielleicht unbewusst – versuchte, sich »breiter«, präsenter zu machen: Sie hielt die Arme etwas abgespreizt vom Körper und auch die Füße waren recht weit voneinander entfernt auf dem Boden platziert, was ihr einen auffällig breitbeinigen Stand verlieh. Während sie mir die Hand entgegenstreckte, hielt sie sich aufrecht. »Hallo, ich bin die Michaela, ich habe jetzt einen Termin!«, sagte sie und als wollte sie das überprüfen, untermauern oder insgeheim vielleicht auch nur einen Grund finden, mir doch nicht allzu lang in die Augen schauen zu müssen, warf sie schnell einen Blick auf die Uhr an ihrem linken Handgelenk. »Ja, wie schön, dass du da bist, Michaela. Willkommen!«, erwiderte ich, während auch ich ihr meine Rechte hinstreckte. Michaelas Händedruck war schwächer, als ich erwartet hätte. Ihre Hand schwitzte ein bisschen, was aber nicht unangenehm für mich war. Mit einer einladenden Geste bedeutete ich ihr hereinzukommen. Michaela machte sofort einen einzigen, ungewöhnlich großen Schritt in Richtung der Garderobe, wo sie etwas umständlich eine kleine Handtasche aufhängte. »Puh, das war jetzt richtig stressig für mich, pünktlich hier zu sein«, erklärte sie mir währenddessen. »Ich hab da so ein großes Projekt bei der Arbeit gerade, für das ich ganz allein die Verantwortung trage. Da ist wahnsinnig viel zu tun. Aber ich habs ja geschafft!« Sie stemmte für einen Augenblick die Hände in die Hüften, zupfte dann aber doch schnell ihr Oberteil nach unten und verschränkte schließlich die Arme vor dem Oberkörper. Erwartungsvoll sah sie mich an. »Ja, total pünktlich, alles gut! Komm rein, ich freue mich, dich kennenzulernen!« Ich lächelte sie an und ließ ihr den Vortritt in den eigentlichen Praxisraum.

Heute, im Rückblick, kann ich sagen, dass ich schon während dieser ersten Momente mit Michaela eine ungefähre Ahnung davon hatte, in welche Richtung unsere Gespräche laufen könnten. Selbstverständlich hätte es auch sein können, dass ich mich irrte! Aber ich weiß noch genau, wie mir, während wir jede in einem Sessel Platz nahmen, der Satz »Sie tut sich schwer mit echten Menschen« durch den Kopf schoss. Vermutlich, weil mir die Unstimmigkeit zwischen ihrem einerseits so betont selbstbewussten Auftreten, dem »Großmachen«, und der gleichzeitig immer wieder auf Unsicherheit hindeutenden Körpersprache aufgefallen war. Es kam mir so vor, als fühlte sich Michaela unwohl in ihrer Haut und als wäre es für sie Stress, mit mir in Kontakt zu sein – was sie aber zu überspielen versuchte.

Geleitet von diesem Gefühl lehnte ich mich in meinem Sessel zurück und lächelte sie möglichst warm an, um ihr schon rein körperlich zu signalisieren, dass sie sich in meiner Gegenwart vollkommen entspannen konnte.

»Ich bin seit zwei Jahren in meinen Nachbarn verliebt«, schoss es aus Michaela heraus, als ich eigentlich gerade Luft geholt hatte, um zu ein paar einleitenden Worten anzusetzen. Ich schwieg und hörte stattdessen erst mal zu, damit Michaela schnell emotionalen Druck loswerden konnte. »Aber er weiß das erst jetzt. Ich hätte ihm das eigentlich nie gesagt, weil er und seine Freundin immer so glücklich gewirkt haben. Aber dann haben die beiden sich vor acht Wochen getrennt und ich hab gedacht, jetzt ist vielleicht meine Chance gekommen. Und dann hab ich ihm einen Brief geschrieben.« Michaela machte eine kurze Pause, um mich anzustrahlen – was mich wunderte. Dass sie hier bei mir saß, deutete ja eigentlich nicht darauf hin, dass ihr Brief bei ihrem Nachbarn auf positive Resonanz gestoßen war. »Jetzt sind wir in so einer komischen Situation und ich bin hier, weil ich dachte, ich kann gut einen Rat von einer Frau gebrauchen, die sich mit so was auskennt. Was ich jetzt machen soll. Damit ich es nicht vermassele. Liebeskummer hatte ich nämlich schon genug in meinem Leben.« – »Okay«, sagte ich bewusst langsam in dem Versuch, ein bisschen Ruhe in dieses so überstürzt gestartete Gespräch zu bringen, und fragte nach einer kurzen Pause erst einmal das Offensichtliche: »Und wie hat er reagiert?«

»Bis jetzt noch gar nicht richtig«, antwortete Michaela, nun auch etwas langsamer. »Er hat mir eine Nachricht aufs Handy geschickt, dass er den Brief gefunden hat und sich gern in Ruhe dazu melden möchte.« – »Und wie lang ist das her?« – »Heute genau zwei Wochen.« Ich stutzte reflexartig. »Und er hat noch nichts weiter gesagt?« Michaela schüttelte den Kopf. »Nein, aber das finde ich nicht so schlimm.« Sie sprach nun wieder schneller. »So eine Trennung ist doch viel organisatorischer Stress, wenn man zusammengewohnt hat«, erklärte sie mir in einem Tonfall, als müsse sie mich von ihren Worten überzeugen. »Und ich glaube, der Hund frisst nicht mehr, weil er sein Frauchen so vermisst. Martin, also, so heißt er, Martin hat sicher gerade ganz andere Sorgen. Das verstehe ich total. Er ist einfach so ein super netter Mensch. Der lässt sie bestimmt nicht einfach so hängen mit allem, neue Wohnung suchen, einrichten und so, nur, weil die beiden jetzt kein Paar mehr sind. Das mit mir hat ja auch keine große Eile, das hab ich ihm auch in dem Brief geschrieben. Ich gebe ihm alle Zeit, die er braucht.« Den letzten Satz sprach sie mit extra viel Nachdruck aus. »Da bist du ja wirklich sehr verständnisvoll«, resümierte ich. »Und es klingt so, als würdest du Martin auch schon gut kennen …?« Michaela nickte. Doch mir entging nicht, dass ihre Hände jetzt begannen, sich nervös zu bewegen, als wollten sie sagen: Hier stimmt was nicht! Nach unserem turbulenten Start nutzte ich die folgenden dreißig Minuten also, um mir einen genaueren Überblick über Michaelas Situation zu verschaffen.

Martin war vor etwas mehr als zwei Jahren gemeinsam mit seiner Freundin in das Haus gezogen, in dem Michaela damals schon seit längerer Zeit lebte. In einer Waschküche im Keller, die alle Mieter nutzen, war es zu ersten Begegnungen gekommen. Martin hatte Michaela zweimal, daran erinnerte sie sich noch auf Datum und Uhrzeit genau, die Tür aufgehalten, als sie den Raum betreten hatte. Beim Wäscheaufhängen hatte er sie einmal gefragt, ob sie sich wohlfühle im Haus, wie lang sie dort schon wohne, welche Cafés in der Umgebung sie empfehlen könne. Auch hier konnte Michaela seinen genauen Wortlaut zitieren. Ein anderes Mal erwähnte er, dass er eine Glühbirne in einer Deckenleuchte wechseln wolle, aber keine Leiter habe, sodass Michaela ihm anbot, ihre zu leihen, wann immer er sie brauche. In den vergangenen zwei Jahren hatte er aus diesem Grund mehrfach bei ihr geklingelt, immer verbunden mit einem kurzen Plausch im Hausflur. Michaela hätte mir jedes kleine Detail rekapitulieren können. Sich endgültig verliebt, berichtete sie mir, habe sie sich aber wohl in ihn, als er ihr geholfen habe, ein kaputtes Regal aus ihrer Wohnung zwei Stockwerke nach unten zum Sperrmüll zu tragen. »Das fand ich irre nett«, erklärte sie mir, »solche Männer gibt es nur noch ganz selten. Und ich finde, wenn er mich nicht sehr mögen würde, hätte er das ja auch nicht gemacht.« Sie habe ihn im Nachgang daher auch als Freund bei Facebook hinzugefügt, wo er ihr dieses Jahr sogar mit einem kurzen »Happy Birthday« auf ihrer Seite zum Geburtstag gratuliert habe. Zwischen ihnen beiden gebe es eine ganz tiefe Sympathie, da war sie sich sicher, und sie habe ihre Gefühle einzig deshalb immer wieder beiseitegeschoben, weil Martin und seine Freundin einen so harmonischen Eindruck gemacht hätten. »Ich dachte, von einem so perfekten Mann würde sich niemals jemand trennen. Was sollte ich mir da also große Hoffnungen machen? Ich bin nicht der Typ Frau, der eine Beziehung von anderen kaputt macht.« Stattdessen hütete Michaela jede Begegnung mit Martin wie einen kostbaren Schatz und lebte ihre Verliebtheit heimlich aus. Seit mindestens einem Jahr, gestand sie mir, sei diese so intensiv, dass sie schon morgens beim Aufwachen als Erstes und zuletzt abends vor dem Einschlafen an Martin denke. »Ich stelle mir oft vor, wie schön es mit ihm sein könnte. Was ich gern alles mit ihm unternehmen und erleben würde.«

Von der Trennung des Paares hatte sie erfahren, weil ihr auffiel, dass Martin plötzlich entgegen der sonstigen Gewohnheit allein mit dem Hund spazieren ging. Sie habe ihn eines Abends bei einer zufälligen Begegnung vor dem Haus gefragt, ob seine Freundin im Urlaub sei, woraufhin er ihr »anvertraut« habe, dass sie ausgezogen sei. Seither, schilderte Michaela mir, sei ihr Leben endgültig aus den Fugen. Inzwischen müsse sie auch während der Arbeitszeit andauernd an Martin denken. Allein in den zwei Wochen, seit er ihren Brief bekommen habe, habe sie vor lauter Stress schon fünf Kilo abgenommen und könne kaum noch schlafen, weil sie permanent mit einer Reaktion rechne oder damit, ihm zufällig zu begegnen. Letzteres sei aber komischerweise nicht passiert, obwohl sich die beiden ansonsten öfter mal im Hausflur über den Weg gelaufen seien.

Schon während Michaela mir all das berichtete, ging mir immer wieder ihre Bemerkung vom Beginn unseres Gesprächs durch den Kopf: Sie habe in ihrem Leben »schon genug« Liebeskummer gehabt. Was sie damit gemeint habe, wollte ich von ihr wissen. Ihre bisherigen Erfahrungen mit Männern, erklärte Michaela mir, seien alle sehr schwierig gewesen. Sie habe einfach immer Pech gehabt. Zwar waren ein paar kurze Bekanntschaften entstanden, die meisten davon in ihrer mehr als zehn Jahre zurückliegenden Studienzeit, aber länger als ein paar Tage oder Wochen habe nie etwas funktioniert. Die Männer seien ihr gegenüber lieblos oder illoyal gewesen, viele hätten auch nur »das Eine« gewollt. Daher habe sie sich ja umso mehr gefreut, endlich einen besonderen Mann wie Martin kennenlernen zu dürfen. Sie habe das Gefühl, dass ihr nun endlich eine schöne Partnerschaft bevorstehe, wie sie sie sich schon so lang wünsche und irgendwie auch brauche: Freundschaften oder Hobbies schaffe man neben der Arbeit ja kaum noch zu pflegen und Kontakt zu ihrer Familie habe sie auch nicht, da diese über hundert Kilometer weit weg wohne. Einem Partner habe sie daher wirklich eine Menge an Liebe zu geben.

Obwohl Michaela während all ihrer Ausführungen selbst eher aufgeregt, positiv gestimmt oder zumindest sehr aufgeräumt wirkte, machte sich in mir, je länger unser Gespräch andauerte, ein tiefes Gefühl von Traurigkeit breit. Denn während auf der laut ausgesprochenen, vordergründigen Ebene unserer Kommunikation im Grunde alles okay war und Michaela »nur« meinen Rat brauchte, wie sie nun besonders schnell und sicher mit ihrem Traummann Martin glücklich werden konnte, teilte sich mir auf der unausgesprochenen Ebene – durch Michaelas Körpersprache und ihre Art, das Geschehene darzustellen – eine ganz andere Problematik mit. Aber noch schien es mir viel zu früh, sie mit meinen Gedanken dazu zu konfrontieren.

»Also, was soll ich denn jetzt machen?«, wollte sie schließlich von mir wissen. »Erst mal weiter abwarten, oder?« – »Ich weiß nicht, ob das wirklich so gut ist«, gab ich zu bedenken. »Wenn du kaum schlafen und so gut wie nichts essen kannst. Und das schon seit 14 Tagen. Mal angenommen, du hättest deinen Brief nicht an Martin geschrieben, sondern an eine Freundin oder einen Kollegen. Und du hättest zwei Wochen lang keine Antwort bekommen, obwohl es um etwas wirklich Wichtiges ging. Was würdest du machen?« Michaela überlegte kurz. »Ich würde noch mal nachfragen.« – »Ja, das verstehe ich«, kommentierte ich. »Und das wäre vollkommen legitim.« Wir vereinbarten, dass Michaela Martin erneut kontaktieren und dann in einigen Tagen noch einmal zu mir kommen würde, um zu berichten. Doch tatsächlich klingelte noch in derselben Nacht mein Telefon.

Es passiert vielleicht einmal in drei Monaten, dass ich von meinem Handy aus dem nächtlichen Schlaf gerissen werde. Denn ich habe es so eingestellt, dass eigentlich nur die Nummern auf meiner Notfallliste – mein Mann, meine

Eltern, mein Bruder und wenige andere – zu dieser Tageszeit zu mir durchkommen können. Aber es gibt eine Ausnahme: Anrufer, die innerhalb kürzester Zeit mehrfach meine Nummer wählen, lösen beim dritten oder vierten Versuch ebenfalls einen Klingelton aus. Denn dann, davon gehe ich aus, muss mich jemand wirklich dringend erreichen und hat sich nicht einfach nur verwählt oder übersehen, dass es drei Uhr morgens ist.

Die Nummer, die ich in dieser Julinacht gegen vier Uhr auf meinem Display sah, kannte ich nicht. »Sohn«, meldete ich mich mit einer Mischung aus Schlaftrunkenheit und Anspannung, weil ich mich fragte, ob es wohl einen schlimmen Notfall gab. Am anderen Ende der Leitung hörte ich zunächst nur ein tiefes Atmen. »Hallo?«, fragte ich daher laut. Der Atem wurde von einem leidvollen Stöhnen unterbrochen – es klang, als hätte eine Frau Schmerzen oder fühle sich extrem unwohl. »Hier ist Michaela«, wisperte schließlich eine schwache Stimme. »Ich wusste nicht, wen ich anrufen soll. Ich bin im Hausflur umgekippt und komme nicht mehr hoch.« Ich muss gestehen, dass ich im ersten Moment gar nicht ganz sicher war, mit wem ich da sprach. Auch in meinem Bekanntenkreis gibt es nämlich einige Michaelas. Doch noch während mein Kopf sich sortierte, fuhr Michaela fort: »Ich liege ausgerechnet genau vor Martins Tür. Mein Kreislauf hat einfach versagt. Wenn ich versuche aufzustehen, wird mit sofort wieder schwindelig.« Nun war die Sache klar. Michaela stöhnte erneut. »Kannst du die Beine irgendwie hochlagern?« Das schien mir zunächst am wichtigsten. »Ich kann es versuchen, hier am Geländer.« Michaelas Stimme klang unsicher, aber auch dankbar für meinen Rat. Ich hörte, wie sie scheinbar auf dem Boden hin und her rutschte, es musste ein Teppich sein, auf dem sie lag. Plötzlich gab es ein lautes Poltern. »Oh nein!« Michaela schrie auf. »Was ist passiert?«, fragte ich besorgt. »Eine Geländerstrebe ist rausgebrochen und nach unten gefallen«, erklärte sie mir. »Aber meine Beine liegen jetzt oben drauf.« – »O.k. gut«, antwortete ich. »Dann wird es sicher gleich besser. Ist dir übel? Soll ich einen Krankenwagen rufen?« Noch während ich den letzten Satz aussprach, hörte ich erneut ein lautes Geräusch in der Handyleitung. Es klang, als würde eine Tür hektisch mit einem Schlüsselbund aufgeschlossen, dann eine Männerstimme, die ich aber nicht verstehen konnte. »Michaela? Ist alles o.k.?«, erkundigte ich mich schnell, bekam jedoch kein Feedback. Michaela hielt jetzt scheinbar ihre Hand auf das Mikrofon ihres Telefons, alles klang ganz dumpf. Es vergingen einige Augenblicke, dann klapperte es und ihre Stimme war wieder zu hören. »Alles gut«, sagte sie. »Martin hat den Lärm gehört, er ist jetzt hier und kümmert sich um mich.«

Vielleicht lag es daran, dass ich Michaelas Geschichte kannte, aber ich meinte, in diesem Satz neben aller Schwäche auch einen deutlichen Unterton von so etwas wie romantischer Freude wahrzunehmen. »Alles klar, das ist gut. Gute Besserung und melde dich, falls du doch noch« – doch es tutete bereits in der Leitung – »Hilfe brauchst«, sprach ich langsam zu Ende und legte dann ebenfalls auf. Einige Momente saß ich noch mit dem Handy in der Hand auf

meiner Bettkante, ehe ich mich wieder zum Schlafen hin-
legte. Was hatte Michaela mitten in der Nacht in ihrem
Hausflur gemacht? Und wie einsam musste sie sein, dass
sie in dieser Situation ausgerechnet mich anrief, eine Frau,
die sie noch nicht einmal 24 Stunden lang kannte?

Antworten auf diese Fragen erhoffte ich mir von Michaelas zweitem Termin, den wir für den Montag vier Tage später geplant hatten. Doch sie sagte unsere Sitzung kurzfris-
tig per E-Mail ab. Sie habe zu viel Arbeit, schrieb sie mir,
und darüber hinaus sei ohnehin alles bestens: Martin und
sie hätten ein sehr gutes Gespräch geführt, nachdem er sie
Mittwochnacht in ihre Wohnung gebracht und auf sie auf-
gepasst habe. Fast eine halbe Stunde lang sei er geblieben.
Natürlich sei alles nicht so leicht und er werde sicher Zeit
brauchen, aber zumindest habe er ihr »schon mal keine
direkte Abfuhr« erteilt. Darauf wolle sie sich jetzt konzentrieren, positiv bleiben und abwarten.

Einen Augenblick lang überlegte ich, ob ich Michaela
zurückschreiben sollte, dass sie bitte ein wenig vorsichtig
sein solle, trotz ihres großen Optimismus. Schließlich entschied ich mich dagegen – sie hatte mich nicht um eine
Einschätzung gebeten. Ich antwortete ihr also nur, dass das
kein Problem sei, ich ihr alles Liebe wünschte und sie jederzeit wieder zu mir kommen könne. Es vergingen sechs Wochen, bis sie den nächsten Termin in meiner Praxis buchte.

Die Michaela, die ich an diesem Montag die Treppen zu
meiner Praxistür hinaufsteigen hörte, schien eine andere

Frau zu sein. Ihr Gang klang langsam, schwer und schleppend. Sie brauchte so lang, dass ich irgendwann sogar einige Schritte aus meinem Flur hinaustrat, um nach dem Rechten zu sehen, doch da kam sie gerade am oberen Ende der Treppe an. Michaela wirkte kleiner als bei unserem Kennenlernen. Sie hielt ihren Kopf gesenkt, die Schultern hingen schlapp vornüber, der Blick ging auf den Boden. Ihre ganze Gestalt schien ausdrücken zu wollen: Mir ist übel mitgespielt worden. Ihre Kleidung war ungebügelt und durcheinander. Ihr Gesicht, das ich erst richtig sehen konnte, als wir beide Platz genommen hatten, war von tiefen Augenringen gezeichnet. Sie brach augenblicklich in Tränen aus. »Ich fühle mich ... so ausgenutzt ... und verarscht ...«, schluchzte sie. »Entschuldige ... das Wort ... sowas würde ich ... sonst nicht sagen ... aber ist ja jetzt ... auch egal ... es ist eh ... alles egal.« In vielen schnellen, kurzen Atemzügen sog sie Luft ein, was ihren ganzen Oberkörper zum Beben brachte, ehe sie wieder ausatmete. Sie weinte wie ein kleines Kind. Ich reichte Michaela ein Taschentuch und wartete ab, bis sie sich ein wenig beruhigt hatte. »Kannst du mir erzählen, was passiert ist?«, horchte ich sachte nach.

In der Nacht, in der es später zu ihrem Ohnmachtsanfall gekommen war, hatte Michaela stundenlang schlaflos im Bett gelegen. Gegen halb vier Uhr morgens war sie schließlich aufgestanden, um ein paar Gedanken dazu, wie sie Martin erneut auf ihren Brief ansprechen wollte, zu Papier zu bringen. Dabei war ihr eine Flasche mit Essig in der Kü-

che hinuntergefallen und sie hatte die Scherben und Putz-
lappen aufgrund des strengen Geruchs sofort in den Müll
im Hof gebracht. Auf dem Rückweg war ihr dann vor Martins Tür schwindelig und schwarz vor Augen geworden.
Nachdem Martin sie, noch mit mir am Telefon, gefunden
hatte, hatte er sie in ihre Wohnung gebracht (ein Detail,
das ihr wichtig war: Er hatte beim Gehen den Arm um sie
gelegt, um sie zu stützen). Eine ganze Flasche Cola habe sie
dann unter seiner Aufsicht auf dem Sofa liegend trinken
müssen, erklärte sie mir, und plötzlich habe sie nach dem
tagelangen Fasten sogar wieder Appetit gehabt und noch
eine halbe Tafel Schokolade und zwei Bananen gegessen.
Alles habe sich so selbstverständlich und schön angefühlt,
»Es brauchte gar keine großen Worte«.

Als Martin schließlich den Eindruck gemacht hatte, auf-
brechen zu wollen, weil es ihr besser ging, hatte sich Michaela doch noch einen Ruck gegeben und ihn gefragt, was
er denn zu ihrem Brief denke und ob er ihr eventuell schon
etwas dazu sagen könne. Martin hatte sich daraufhin entschuldigt, dass er noch immer nicht zum Antworten gekommen sei, aber das damit erklärt, dass er gerade extrem
viel um die Ohren habe. »Ich finde es super mutig, dass
du mir geschrieben hast«, zitierte Michaela ihn. »Aber für
mich ist das eher etwas Nachbarschaftliches oder vielleicht
irgendwann auch mal Freundschaftliches zwischen uns.
Ich bin ja auch gerade erst frisch getrennt. Es tut mir leid.«

Wieder einmal hatte ich an dieser Stelle von Michaelas Bericht einen der mir schon beinahe vertrauten »Hier stimmt

doch irgendwas nicht«-Momente: Martin hatte ihr also bereits vor sechs Wochen ein ziemlich klares Nein als Antwort auf ihren Brief gegeben. Dennoch saß sie erst heute bei mir und sprach davon, sich inzwischen »ausgenutzt und verarscht« zu fühlen. Im ersten Moment nach diesem nächtlichen Gespräch, fuhr sie dann auch fort, habe sie durchaus gedacht, dass das eine Abfuhr gewesen sei. Aber als Martin dann am nächsten Morgen bei ihr geklingelt und sich so lieb erkundigt habe, wie es ihr gehe, sei ihr aufgegangen, dass er ja gesagt habe, es sei für ihn *eher* etwas Freundschaftliches zwischen ihnen. *Eher!* Und dass er *gerade erst frisch getrennt* sei – was aber ja durchaus bedeuten könne, dass er nur etwas mehr Zeit brauche und die Möglichkeit, sie besser kennenzulernen, um sich ebenfalls in sie zu verlieben. Sie habe also beschlossen, positiv zu bleiben und einfach so viele Gelegenheiten wie möglich zu finden, Kontakt mit Martin zu haben, sodass man sich näherkommen könne: Noch zweimal habe sie bei ihm geklingelt, um ihm Bescheid zu geben, wie es ihr kreislaufmäßig gehe, und er habe ihrem Gefühl nach immer aufrichtig interessiert zugehört. Ein paarmal habe sie gekocht und ihm ein bisschen was davon vorbeigebracht. Er habe sich immer bedankt. Außerdem seien sie einige Male ein paar Meter gemeinsam mit dem Hund gelaufen, wenn sie sich zufällig auf der Straße begegnet waren. »Ich fand, es läuft sehr gut«, fasste Michaela unter erneuten Tränen zusammen. »Aber Samstagmorgen war dann auf einmal diese neue Frau da. Hand in Hand sind sie aus dem Haus gegangen, ich habs aus dem Fenster gesehen! Von wegen es ist noch zu früh für etwas Neues! Das ist so gemein von ihm! Warum tut er mir das an?« Ein Weinkrampf schüttelte sie.

Warum tust *du* dir das an, arme Michaela?, hallte ihre Frage augenblicklich in meinem Kopf wider – ohne dass ich es allerdings laut aussprach. Ich stand stattdessen auf, kniete mich neben Michaelas Sessel und legte ihr tröstend die Hand auf den Rücken. Wir waren jetzt an einem sehr heiklen Punkt angekommen. Für mich, von außen, schien die Situation ganz eindeutig zu sein: Michaela hatte sich da seit Wochen, Monaten, Jahren in etwas hineingesteigert, was von Martins Seite gar nicht da war. Aber für sie fühlte es sich beinahe so an, als ginge gerade ihre »Beziehung« zu Ende, und ihr Schmerz darüber war mehr als real. In so einem Moment kann ich als Liebeskümmerin viel falsch machen: Ich darf mein Gegenüber auf keinen Fall noch mehr destabilisieren, indem ich ihm zu viel Realität vor Augen führe – gleichzeitig ist jedoch genau das der Prozess, dem derjenige sich stellen muss, um seinen Schmerz zu überwinden. Ich muss also sehr genau abwägen, wie lang es angebracht ist, dem Betroffenen ausschließlich Halt zu geben und ab wann ich beginnen kann, mit Fragen und Gedanken Schritt für Schritt eine Reflexion anzustoßen. Bei Michaela hätte ich mich sicher noch eine ganze Weile für eine eher stützende Begleitung entschieden, so wie schon in unserem Kennenlerngespräch – wenn nicht der Zufall mir die Entscheidung abgenommen hätte.

Es dauerte mehrere Minuten, bis Michaelas Beben unter meinen Fingern allmählich weniger wurde. Ich blieb noch kurz neben ihr in der Hocke, zog meine Hand schließlich zurück, gab ihr ein neues Taschentuch und sagte: »Du bist damit nicht allein, Michaela. Gut, dass du mir alles erzählt hast. Jetzt können wir darüber reden.« Sie nickte, während sie sich das Gesicht abwischte. »Ja, gern. Können wir vorher nur vielleicht das Fenster ein bisschen aufmachen? Ich glaube, ich brauche frische Luft. Mir ist schon wieder etwas schwindelig.« – »Natürlich«, antwortete ich, stand sofort auf und wandte Michaela kurz den Rücken zu, um die Doppelfenster zu öffnen, die in meiner Praxis Richtung Straße zeigen. »Wir müssen nur mal schauen, ob das nicht zu laut ist«, kommentierte ich mein Tun, denn unten parkte gerade ein Cabriolet, dessen Fahrer die Musik voll aufgedreht hatte. »Is this the real life? Is this just fantasy …« – es war die Stimme von Freddie Mercury. Die ersten Takte des Queen-Songs *Bohemian Rhapsody*.

Es waren wirklich nur Sekunden gewesen, in denen ich meine Aufmerksamkeit von Michaela abgewandt hatte. Doch als ich mich wieder zu ihr drehte, hatte sich ein gravierender Wandel vollzogen: Michaela saß nun wie erstarrt in ihrem Sessel. Kein Weinen mehr, kein Schluchzen, kein Zittern, keine Mimik. Gar nichts. Sie rührte sich nicht, sondern starrte einfach an die Wand. »Michaela, ist alles o.k.?«, fragte ich und kniete mich eilig wieder neben ihren Sessel, in dem Versuch, Blickkontakt mit ihr herzustellen. Sie schaute an mir vorbei, fing aber dennoch leise an zu sprechen. »Das ist es«, sagte sie langsam. »Das ist es. Das ist mein Problem ... Is this the real life? Is this just fantasy.« Ihre Stimme klang einerseits tonlos, aber gleichzeitig auf seltsame Art und Weise »erleuchtet«. Ich muss zugeben, dass ich im ersten Moment nicht wusste, wovon Michaela überhaupt sprach, denn ich hatte den Song, den ich vorher natürlich schon tausendmal gehört hatte, in dieser Situation gar nicht so bewusst wahrgenommen. »Was meinst du?«, fragte ich daher etwas verwirrt nach. »Der Song«, fuhr sie fort. »Der Text von dem Song auf der Straße ... Das ist mein Problem ... Ich lebe in einer Fantasiewelt. Ich habe mir die ganze Zeit was vorgemacht mit Martin ... Und ich glaube, ich bin noch nicht mal wirklich ohnmächtig geworden, da vor seiner Tür ...« Michaela schien nun mehr mit sich selbst zu sprechen als mit mir. »Ich rede mir ein, dass ich keinen Kontakt zu meiner Familie habe, weil sie so weit weg wohnt. Und dass ich keine Zeit für Freunde und Hobbies habe. Aber das stimmt alles gar nicht ... Ich bin einsam. Ich habe Angst vor Menschen. Mein Leben ist fürchterlich.«

Ich weiß, es muss beinahe unglaubwürdig klingen, dass ein Mensch, getriggert durch einen einzigen Songfetzen, zu einer so plötzlichen Selbsterkenntnis kommt. Aber Michaela war noch lang nicht fertig. Sie sprach von dem perfekten Leben, das sie sich schon immer erträumt hatte – in einer Zukunft, die aber niemals kam. Davon, dass sie eigentlich so vieles erleben wollte, aber gleichzeitig so gut wie nie ihre Wohnung verließ, außer um zur Arbeit zu gehen. Von den unzähligen Filmen und Büchern, die sie konsumierte, um sich in fremde Realitäten zu flüchten. Sie fühle sich wie eingeschlossen in eine riesige Blase, sagte sie, die sie vom Rest der Welt, vom »echten Leben«, abschirme. Es war extrem beeindruckend, was für einen reflexiven Tiefgang meine Klientin so vollkommen aus sich selbst heraus plötzlich offenbarte. Ich hörte nur zu, ließ sie einfach reden. Und hatte dennoch das Gefühl, das erste wahrhaftige Gespräch mit Michaela zu führen.

Zum Glück hatte ich an diesem Montag keine weiteren Klienten für den Vormittag angenommen, sodass ich meine Sitzung mit Michaela ohne große Probleme überziehen konnte. Als sie aufbrach, war sie fast zwei Stunden bei mir gewesen und hatte, bis auf wenige Rückfragen und Kommentare von mir, die meiste Zeit selbst gesprochen. Sie war vollkommen erschöpft, wirkte aber gleichzeitig extrem aufgeräumt und in gewisser Weise sogar in sich ruhend. In ihrer Körpersprache war nichts mehr von dem aufgesetzten »Großmachen«, aber auch nicht die Schwere und die »Opferhaltung« vom Morgen zu sehen. Michaela war nun einfach nur *da*. Wir standen schon in der Tür und hatten uns eigentlich bereits voneinander verabschiedet, als sie sich noch einmal zu mir umdrehte. »Weißt du, was mir gerade noch klar wird?« Sie legte ihre Handflächen aufs Gesicht, sodass ihre Augen bedeckt waren. »Ich war nie in Martin verliebt. Ich war in meine Fantasie verliebt. Das, was ich habe, ist gar kein Liebeskummer. Das ist Lebenskummer.« Einige Sekunden herrschte Stille. Michaela hatte es auf den Punkt gebracht. Besser hätte ich es auch nicht ausdrücken können. »Ja«, sagte ich, »genau so ist es. Möchtest du, dass ich dich mal in den Arm nehme?« – »Sehr gern.« Ich schloss Michaela in die Arme – etwas, was ich sehr selten mit Klienten mache – und erneut kamen ihr die Tränen. Wir standen einige Minuten so, ehe sie ging.

♥

Als ich während des Schreibens an dieser Geschichte einer Freundin von Michaela erzählte und dass sie ein eigenes Kapitel in meinem Buch bekommen würde, hatte diese einen Einwand: So ein Fall wie Michaelas, bei dem sich jemand derartig in eine Fantasie hineinsteigere, sei doch sicher sehr, sehr selten und ob er dann überhaupt relevant für meine zehn Fragen sei. Tja, was soll ich sagen. Natürlich ist Michaelas Fall in gewisser Weise extrem und bei mir meldet sich nicht jede Woche jemand, der etwas Ähnliches erlebt. Einige Male in jedem Jahr allerdings schon! Was jedoch viel wichtiger ist: Es gibt sehr viele andere Situationen im Zusammenhang mit der Liebe, in denen Michaelas Frage und das mit ihr verbundene Thema – die Gefahr von zu viel Illusion in der Liebe und im Leben – eine große Rolle spielt:

So ist zum Beispiel der Anfang einer Beziehung – das Verliebtsein – in den allermeisten Fällen eine Art von Illusion: Wir treffen auf eine fremde Person, lernen sie im Grunde nur grob kennen, sind aber unter Umständen schon sehr schnell bis über beide Ohren verknallt! Das liegt daran, dass wir uns anhand des Wenigen, was wir über unser Gegenüber wissen, ein eigenes, ein wundervolles Bild davon spinnen, mit wem wir es wohl zu tun haben. Erst nach und nach, über Monate und Jahre, wird dieses Bild vom echten Kennenlernen und der Realität ersetzt und dann gibt es zwei Möglichkeiten: Entweder wird aus dem Verliebtsein Liebe. Oder aber eine Verbindung endet wieder. Das kann dann daran liegen, dass die echte Person *wirklich* nicht zu uns passt. In vielen Fällen hat es aber leider auch damit zu tun, dass es Menschen gibt, die es einfach nicht ertragen können, mit dem Nichtperfekten, der Nichtillusion, an ihrer Seite zu leben. Sie springen von Verliebtheit zu Verliebtheit, von Partner zu Partner, immer auf der Suche nach dem Perfect Match, halten es aber nirgendwo lang aus und sind irgendwann oft sehr unglücklich damit.

Oder es gibt Menschen, die schweren Liebeskummer haben wegen einer Person, die ihnen im echten Leben noch nie begegnet ist. Per Datingapp, Social Media oder Chat haben sie jemanden kennengelernt und nicht selten über Monate oder sogar Jahre sehr, sehr engen telefonischen und schriftlichen Kontakt gehabt, ja, eine richtige virtuelle Beziehung geführt. Endet so eine Konstellation – was sie häufig sehr abrupt tut –, hat der Betroffene das Gefühl, den perfekten Partner verloren zu haben. Denn in seiner Fantasie hat er sich ein wunderschönes Bild von seinem Gegenüber ausgemalt, das niemals der Realität standhalten musste.

Und was ist mit denjenigen, die jahrelang in unglücklichen Beziehungen verharren? Häufig ist es auch bei ihnen das Verschließen der Augen vor der Realität, das dazu führt, dass sie sich nicht trennen: *Vielleicht* wird eines Tages ja doch noch alles gut …? *Vielleicht* war es diesmal wirklich der letzte schlimme Streit …?

Das Fest*halten* an Illusionen spendet uns Menschen vordergründig genau das: Halt. Wenn ich wie Michaela in meiner Fantasie lebe, muss ich nicht sehen, wie einsam und ungenügend ich mich in Wirklichkeit fühle. Weil ich in der Verliebtheit nicht schon einkalkulieren muss, dass mein Gegenüber vielleicht doch nicht zu mir passt. Weil ich eine Pseudobeziehung führe und mir deshalb nicht eingestehen muss, dass es mit den echten Menschen um mich herum für mich nicht klappt. Weil ich die Angst vor einer Trennung mit ihrer Hilfe immer wieder wegschieben kann.

Diese Stabilität ist verlockend und deswegen wird sie auch von so vielen Menschen (meist unbewusst) genutzt – aber zum einen ist sie trügerisch und führt zu größtem Schmerz, wenn das Luftschloss am Ende doch zerplatzt. Zum anderen aber – und das ist in diesem Zusammenhang noch wichtiger – verhindert sie, wenn sie zu groß wird, den echten Kontakt zwischen Menschen und damit die Nähe, nach der wir in Wahrheit alle suchen. Denn so schön eine Illusion auch sein mag: Sie findet nur in meinem Kopf statt. Im echten Leben macht sie einsam.

Egal, in welcher Lebens- und Liebeslage du dich gerade befindest, macht es also Sinn, dich einmal zu fragen: »Is this the real life? Is this just fantasy?« Wenn du online datest: Triff dich schnell mit deinem Gegenüber! Wenn du verliebt bist: Sei offen dafür, dass dein Gegenüber ein echter Mensch mit Ecken und Kanten ist und dass es in jeder Beziehung auch Konflikte geben wird! Wenn du in einer unglücklichen Partnerschaft feststeckst: Sei ehrlich zu dir selbst! Und wenn du viele Stunden am Tag mit Träumen und der Flucht aus der Realität verbringst: Ändere etwas, vielleicht auch mit professioneller Hilfe!

Michaela kam noch für ein paar weitere Termine zu mir. Gemeinsam begannen wir zu verstehen, warum sie in ihrem echten Leben so unglücklich war, dass sie den Weg in die Illusion gewählt hatte: Wie fast immer in solch extremen Fällen ging es dabei um frühe Kindheitstraumata. Die kleine Michaela hatte, man kann es nicht anders sagen, gar keine andere Chance gehabt, als sich in Fantasiewelten zu flüchten, um ihre Kindheit mit psychischer und physischer Gewalt irgendwie ertragen zu können. Diese Überlebensstrategie hatte sich dann einfach so fortgesetzt. Etwa drei Monate nach unserem Kennenlernen konnte Michaela auf mein Anraten hin zu einer Traumatherapeutin wechseln, um ihren »Lebenskummer« endlich zu heilen.

PS für dein Herz:

Schau hin, statt weg. Sei ehrlich zu dir selbst. Führe echte Beziehungen. Verschließe nicht die Augen vor der Wahrheit, sondern betrachte sie als Chance.

2.

»Muss ich mich schlecht behandeln lassen, um mich glücklich zu verlieben?«

Liebst du ungesund?

Mina hatte es ihm vorher doch ausdrücklich gesagt: nur mit Kondom. »Ich will dich treffen. Ich will mit dir schlafen. Ich will dich. Ich will dich so sehr. Aber nur mit Kondom.« Auf dem Weg zum Hotel hatte sie eine Packung Ritex gekauft, sie demonstrativ auf dem Nachttisch neben dem Boxspringbett platziert. Sie hatten sich geküsst, erst auf den Mund, dann hatte er sie am ganzen Körper mit Zunge und Lippen liebkost. Vor Lust hatte Mina unter seinen Berührungen gebebt. Sie, die sonst ein ausgedehntes Vorspiel liebte, hatte gar nicht schnell genug zur Sache kommen können. So hatte Mina sich selbst noch nie erlebt. Als sie seinen Penis endlich in sich spürte, erst nur die Spitze, ganz sanft, hatte sie dennoch schwach protestiert. »Nur mit Kondom, Florian. Nimm bitte das Kondom.« Doch vermutlich war es das gleichzeitige Weiterkreisen ihrer Hüften gewesen, das sie verraten hatte. »Ich möchte dich fühlen. Dich, kein Latex«, hatte Florian in ihr Ohr geflüstert, während er einfach tiefer in sie eingedrungen war. »Ich ziehe ihn raus, bevor ich komme.« Mina wusste, dass das falsch war. Aber es fühlte sich so gut an. Es fühlte sich so verdammt gut an. Jetzt war er doch schon in ihr drin, jetzt war es ja eh zu spät, oder? Nur dieses eine Mal. Es wird schon gut gehen, hatte Mina noch gedacht. Dann hatte sie sich ihm ganz hingegeben.

Wenn Mina heute an dieses erste Mal Sex mit Florian zurückdachte, wünschte sie sich, die Zeit zurückdrehen zu können. Sie wollte sich neben dieses Hotelbett stellen, die Mina von damals an den Schultern packen. Sie feste rütteln. »Schau hin, Mina!«, wollte sie schreien. »Ein Mann, der deine Wünsche und alles, was ihr vorher besprochen habt, so ignoriert, der kann nicht gut für dich sein, egal, wie fantastisch der Sex mit ihm ist! Steh auf, zieh dich an, vergiss den Typen und geh nach Hause zu Jan. Der liebt dich! Der respektiert dich! Die Sache mit der Affäre war eine Schnapsidee!« Was hätte sie sich alles erspart, wenn sie hier, in diesem ersten Moment, die Reißleine gezogen hätte. Damals wäre es noch möglich gewesen, damals war sie Florian noch nicht ganz verfallen. Mina wurde glühend heiß vor Scham, wenn sie sich überlegte, welchen Risiken sie sich, Jan und ihre Beziehung seitdem ausgesetzt hatte. Sie hätte sich mit HIV anstecken können oder irgendeiner schlimmen Geschlechtskrankheit. Schwanger werden. Und auch, wenn all das bisher nicht passiert war, der seelische Schmerz, den Mina im letzten halben Jahr immer wieder gefühlt hatte, hatte NATÜRLICH auch ihrer Partnerschaft geschadet. Von himmelhoch jauchzend bis zu Tode betrübt. Die Sache mit Florian hatte sie zwischenzeitlich darüber nachdenken lassen, ob sie vielleicht bipolar sein könnte. Denn wie ließ sich ansonsten erklären, dass sie in einem Moment – wenn er sich meldete, Zeit für sie hatte, sich charmant gab – im siebten Himmel schwebte, während sie im anderen Moment – nein, in den viel häufigeren Momenten! – in denen Florian gar nicht auf ihre Nachrichten reagierte oder nur so, als wäre sie ihm beinahe lästig, am Boden zerstört war. Warum machte sie das überhaupt jedes Mal wieder mit? »Mit dir stimmt was nicht, Mina«, hatte Florian selbst ihr einmal gesagt, als sie ihm zu erklären versuchte, was an diesem Auf und Ab so schmerzhaft und schwierig für sie war. »Ich hab halt manchmal keine Zeit, das ist doch ganz normal. Hast du mal über eine Therapie nachgedacht?« Seine Sicht der Dinge ließ keinerlei Spielraum für die Frage, ob er und sein unkalkulierbares Verhalten vielleicht schuld an Minas Gefühlsschwankungen waren. Und vielleicht hatte er damit ja recht. Mina wusste längst nicht mehr sicher, was falsch und richtig war.

Mit Jan hatte sie eigentlich alles, was eine Frau sich wünschen konnte: Er war liebevoll, verbindlich, engagiert, zuverlässig, treu, ehrlich, gut aussehend, humorvoll, erfolgreich. Er packte im Haushalt mit an, respektierte Frauen im Allgemeinen und sie im Speziellen. Und er liebte sie ohne Wenn und Aber. »Ach, ihr jungen Frauen, ihr habt es schon gut. So einen tollen Mann, den hätte ich mir auch gewünscht!«, hörte Mina ihre Mutter regelmäßig sagen. In ihrem Freundeskreis galten Mina und Jan mit ihrer entspannten, wertschätzenden Beziehung als das Traumpaar, das Dreamteam schlechthin. Ein paar ihrer Freundinnen, da war Mina sich sicher, schwärmten insgeheim sogar für ihn. Sie kam sich so fürchterlich undankbar vor. Es war nicht fair Jan gegenüber, dass sie auch nur für den Bruchteil einer Sekunde an einen anderen dachte. Und doch tat sie es. Minuten-, nein, stundenlang. Schlimmer noch: Sie ließ sich von Jan, dem Ahnungslosen, trösten, wenn es ihr wegen Florian wieder einmal schlecht ging.

Erst vor wenigen Tagen war das wieder passiert. Mina hatte sich in der Mittagspause mit Florian treffen wollen, ein kurzer Spaziergang im Wald, vielleicht ein Quickie inmitten der Bäume. So liefen ihre heimlichen Verabredungen häufiger ab. Der Anruf eines Kunden hatte sie unvorhergesehen einige Minuten länger als geplant am

Schreibtisch gehalten, sodass sie erst eine Viertelstunde nach der vereinbarten Uhrzeit am Parkplatz eintraf – wo von Florian noch keine Spur zu sehen war. Kein Wunder, Mina kannte das schon. Er war der Meister der Verspätung. Halbe Stunden oder auch mal eine Stunde, bei ihm alles keine Seltenheit. »Ich gehe schon mal ein paar Meter rein in den Wald«, schickte sie ihm als Nachricht auf sein Handy, die auch sofort gelesen wurde. Eine gefühlte Ewigkeit saß Mina dann allein auf einer Bank am Waldweg und wartete, doch weder eine Antwort noch Florian selbst trafen ein. Auch auf mehrere Anrufe und eine weitere Nachricht, »Ist alles o.k.?«, reagierte er nicht. Ein ums andere Mal gab Mina sich noch fünf Minuten und noch fünf Minuten, um auf ihn zu warten. Sie würde viel zu spät zurück ins Büro kommen und damit – wieder einmal – den Unmut ihres Chefs auf sich ziehen. Florian brachte ihr ganzes Leben durcheinander. Und trotzdem konnte sie, verdammt noch mal, nicht einfach aufstehen und gehen, so wie sie es bei jeder anderen Verabredung längst getan hätte. Was, wenn ihm was passiert war? Was, wenn er sauer auf sie wurde, weil sie einfach verschwand? Mit einer Mischung aus Wut, Sorge, Sehnsucht und Enttäuschung im Bauch war Mina irgendwann in ihr Auto gestiegen und an ihren Schreibtisch zurückgekehrt. Ihr Chef hatte zum Glück auswärts gegessen und ihre Abwesenheit gar nicht bemerkt. Wenigstens etwas!

Den ganzen Nachmittag über war Mina fahrig. Wirklich zu arbeiten, schaffte sie kaum. Ständig wanderte ihr Blick auf ihr Handy, das neben ihr auf dem Schreibtisch lag. Irgendwann musste er sich doch melden. Sie war gerade am Telefon mit einem Kunden, als sie in der Leitung einen leisen Mitteilungston hörte. Pling! So schnell wie möglich beendete Mina das Gespräch, um ihren Messenger zu checken. Erleichtert sah sie, dass die Nachricht wirklich von Florian war – um im nächsten Moment fassungslos auf das Display zu starren. »Alles gut«, schrieb er. »Ich hab zehn Minuten auf dich gewartet, musste dann los, das hätte sich ja eh nicht mehr gelohnt. Kannst nächstes Mal einfach wieder pünktlich kommen. Kuss.« Mina traute ihren Augen kaum. Das konnte doch nicht sein Ernst sein! Da kam sie einmal zu spät, ein einziges Mal! »Machst du Witze? Du kommst dauernd zu spät!«, tippte sie hastig zurück. Diesmal antwortete Florian prompt. »Erstens stimmt das nicht. Und zweitens hab ich auch keinen Easy-peasy-Bürojob wie du. Da muss man ja schon sehr verplant sein, um trotzdem zu spät zu kommen. Aber ist doch nicht schlimm, sehen wir uns halt ein anderes Mal.« Mina hätte aus der Haut fahren können, so sehr rebellierte ihr Gerechtigkeitsgefühl. »Easy-peasy-Bürojob? Ich habe Verantwortung für zehn Mitarbeiter! Und warum hast du mir nicht wenigstens Bescheid gesagt, ich war den ganzen Nachmittag in Sorge!«, schob sie hinterher. »War einfach beschäftigt«, schrieb Florian. Dann war er offline. Vor Demütigung schoss Mina das Blut in die Wangen. Warum machte er das mit ihr? Warum machte er so etwas *schon wieder* mit ihr? Diese beiden Gedanken waren kaum gedacht, als sich schon eine neue Frage in Minas Kopf schob: Warum hatte sie ihren bekloppten Bürojob nicht im Griff? Vielleicht hatte Florian auch recht. Oder?

Später am Abend hatte Mina auf dem Sofa in Jans Arm gesessen. Sie schauten irgendeinen Film auf Netflix, Mina bekam im Grunde nichts mit. Immer wieder schweifte sie in Gedanken zu Florian ab. »Mensch, Schatz, du bist ja total verspannt.« Jans rechte Hand hatte begonnen, Minas Nacken zu massieren. Sie hätte aufheulen können, so sehr schmerzte es, wenn er an den richtigen Stellen drückte. Sie wand sich. »So schlimm?«, wollte Jan wissen. Mina seufzte. Er nahm die Fernbedienung, drückte die Pausetaste. »Ich hole mal schnell Öl, das kriege ich weg.« – »Nein, lass mal, alles gut, das musst du wirklich nicht machen.« Mina schämte sich. »Ich weiß, dass ich das nicht muss«, antwortete Jan. »Aber weißt du was: Ich möchte!« Und schon war er Richtung Badezimmer verschwunden. Mit dem Massageöl in der Hand kam er zurück, zog sich einen Stuhl hinter das Sofa. »Zieh mal das T-Shirt aus«, forderte er sie auf. Mina zögerte noch einen Moment, sie fühlte sich wie der schlechteste Mensch auf der Welt. Doch Jan war bereits dabei, mit der einen Hand die Wiedergabe des Films erneut zu starten, mit der anderen zuppelte er an ihrem Shirt herum. Mina zog es schließlich aus. Dann schloss sie die Augen, während Jan begann, ihre Muskeln zu kneten, die die Anspannung des Tages in Form von dicken Knoten in sich trugen. Womit hatte sie es eigentlich verdient, diesen Mann an ihrer Seite zu haben? Diesen wundervollen, liebevollen, überhaupt von allem Guten vollen Mann?

Und womit hatte er es verdient, dass sie ihn nun schon seit fast einem halben Jahr betrog und belog? Er hatte es gar nicht verdient! Nicht eine einzige Zelle von ihm hatte es verdient. Mit ihm hatte all das auch gar nichts zu tun. Bei dem Absurden, was sie da tat, ging es ausschließlich um sie. Irgendein kranker Anteil von ihr brauchte so eine kaputte Geschichte wie die mit Florian. Damit musste jetzt endlich Schluss sein. Sie würde sich Hilfe nehmen. Um zu verstehen, warum sie das tat. Wie sie es beenden und verhindern konnte, dass es jemals wieder passierte. Ja, genausowürde sie es machen. Gleich morgen. Die Tränen schossen ihr in die geschlossenen Augen, sie schluchzte kurz auf. Jans Hände hielten augenblicklich inne. »Was ist? Zu doll?« Er beugte sich seitlich an ihr vorbei, um ihr ins Gesicht zu schauen. »Alles gut«, sagte Mina, ohne die Lider zu öffnen. »Das ist ein heilsamer Schmerz.«

Es war 4:30 Uhr an einem Mittwochmorgen, als eine Buchung für fünf Gespräche auf der Website der Liebeskümmerer einging, die ich direkt nach dem Aufstehen entdeckte. Wenn Klienten um eine solche Uhrzeit oder mitten in der Nacht unsere Website aufrufen, weiß ich sofort, dass es um ein ganz akutes Problem geht und der Leidensdruck hoch ist. Während die Betroffenen schlaflos vor Verzweiflung sind, googeln sie nach Hilfe gegen ihren Kummer oder erinnern sich daran, irgendwo einmal von unserem Angebot gehört zu haben. »Ich habe den besten Mann der Welt an meiner Seite, stecke aber in einer toxischen Affäre fest. Ich will das nicht mehr. Das muss aufhören. Ich zerstöre mein ganzes Leben und unser gemeinsames noch dazu. Könnt ihr mir helfen?«, stand im Kommentarfeld, in das Klienten ansonsten eher ihre Terminwünsche eintragen. In meiner Fantasie sah ich eine junge Frau im Bett neben ihrem schlafenden Partner liegen, während sie diese Zeilen auf ihrem Handy an uns tippte. »Liebe Mina«, schrieb ich ihr sofort per E-Mail zurück, »ich werde gern versuchen, dir zu helfen. Möchtest du am Freitag um 15 Uhr in meine Praxis kommen?«

Menschen wie Mina, die sich selbst oft »Betrüger«, »Fremdgänger« oder »Lügner« nennen, weil sie ohne eine entsprechende Vereinbarung hinter dem Rücken ihrer Partner mit anderen emotional oder körperlich intim werden, können oft gar nicht glauben, dass ich überhaupt bereit bin, für sie da zu sein. Viel häufiger als andere deuten sie ihr Anliegen wie Mina schon vor Beginn der Beratung an – vermutlich, um mir die Chance zu geben, das Coaching aus moralischen Gründen abzulehnen. Davon habe ich noch nie Gebrauch gemacht, was zum einen sicher daran liegt, dass ich von den Fällen meiner Klienten persönlich nicht betroffen bin. Aber noch wichtiger ist, dass ich Menschen im Kern für *gut* halte, weshalb ich sie nicht verurteile oder moralisiere. Wer fremdgeht, tut das in der Regel nicht, weil er sein Gegenüber verletzen will, das ist meine Überzeugung. In den allermeisten Fällen hat der Betrug mit einer eigenen Schwäche, einer eigenen Unsicherheit und einer persönlichen Leidensgeschichte und Prägung zu tun. Das heißt natürlich nicht, dass ich das

Fremdgehen damit rechtfertigen oder den Schmerz der Betrogenen kleinreden will. Aber diejenigen unter den Untreuen, die bereit sind hinzuschauen und versuchen, die Ursache ihres Seitensprungs zu verstehen, tragen meiner Meinung nach mehr Verantwortung für ihren Partner als viele andere, die vielleicht treu sind, aber die Augen vor den eigenen (Beziehungs-)Problemen dauerhaft verschließen. Von Mina kann ich das in jedem Fall sagen.

»Ich liebe Jan«, stellte sie gleich zu Beginn unseres ersten Gesprächs klar. »Und ich möchte ihn nicht verlieren. Ich bin hier, um zu verstehen, warum ich nicht einfach überglücklich und erfüllt sein kann mit dem Traummann, den ich da an meiner Seite habe. Warum habe ich bei Florian, der die meiste Zeit mit mir umgeht, als wäre ich ihm nichts wert, Schmetterlinge im Bauch, wie ich sie bei Jan nie hatte? Warum begehre ich ihn so? Warum renne ich ihm hinterher, obwohl er mich immer wieder wegstößt? Warum fange ich mir eine Ohrfeige nach der nächsten von ihm ein, nur um dann auch noch meine andere Wange hinzuhalten? Muss ich mich etwa schlecht behandeln lassen, um mich richtig zu verlieben? Bin ich krank? Also, richtig psychisch krank, meine ich, Elena?« Minas Frage war ganz offensichtlich nicht rhetorisch gemeint. Am liebsten wäre ich sofort aufgesprungen und hätte meine Notizblöcke zu Klientenfällen der vergangenen Jahre geholt, um Mina daraus vorzulesen. Denn wie häufig hatten Menschen wie sie hier vor mir gesessen: erfolgreiche Frauen, starke Frauen, schöne Frauen. Männer, die mitten im Leben standen, Männer, die eigentlich viele Chancen auf dem Partnermarkt hatten. Männer, bei denen man – wie auch bei ihren weiblichen Leidensgenossinnen – nie vermutet hätte, dass sie eine Seite in sich tragen, die danach sucht, sich emotional demütigen oder zumindest ablehnen zu lassen. Mina war mit ihrem Kummer alles andere als allein.

»Ich mache das normalerweise nicht«, sagte ich, »aber wenn du möchtest, würde ich dir gern ein bisschen von anderen Klientinnen und Klienten erzählen, Mina. Ich glaube, danach könnte es dir vielleicht schon besser gehen.« Durch den ganzen Körper der jungen Frau schien ein Seufzen zu gehen. »Sehr gern.« Sie sah mich hoffnungsvoll an. Ich stand auf, holte aber nicht die vertraulichen Notizblöcke, sondern vier Gegenstände: eine winzig kleine Porzellanfigur eines Pinguins, die mir mein Vater einmal aus Neuseeland mitgebracht hatte. Einen Bluetooth-Lautsprecher. Eine Playmobilfigur meines Sohnes. Mein Arbeitshandy. Mit all diesen Dingen auf dem Schoß nahm ich wieder in meinem Sessel Platz.

»Das ist …«, sagte ich und legte die Bluetooth-Box auf den kleinen Beistelltisch, der zwischen Mina und mir stand, »… nennen wir sie mal Paula. Paula war wie du in einer festen Beziehung, als sie zu mir kam. Sie und ihr Mann liebten sich sehr, aber Paula sagte, durch den strukturierten Alltag mit zwei kleinen Kindern hätten ihr in ihrer Partnerschaft oft Lebendigkeit und Schwerelosigkeit gefehlt. Sie hatte bei der Arbeit einen jüngeren Mann kennengelernt, mit dem sie eine leidenschaftliche Affäre begann. Die beiden hörten laute Musik zusammen, tanzten im Regen, besuchten einige Konzerte. Irgendwann fand Paula aber heraus, dass dieser Mann kein Kind von Traurigkeit war. Er hatte neben ihr noch heimliche Affären mit fünf anderen verheirateten Frauen. Das fühlte sich für Paula gar nicht gut an und sie wollte das Ganze eigentlich beenden. Aber gleichzeitig hatte sie wahnsinnige Angst, diese Lebendigkeit wieder aufzugeben, und hat ähnlich wie du lang mit sich gekämpft und vieles mit sich machen lassen. Bis wir hier zusammen daran gearbeitet haben, wie Paula ihre Bedürfnisse ihrem Mann gegenüber besser ausdrücken konnte. Eigentlich haperte es bei den beiden nämlich vor allem an Offenheit und Kommunikation. Zum Glück hat es geklappt. Die beiden haben sich wieder mehr Zeit füreinander genommen, den Alltag an vielen Stellen durchbrochen. Paula hat dann die Affäre beendet.« Mina hörte interessiert zu, aber ich sah auch ein Fragezeichen in ihren aufmerksamen Augen – Lebendigkeit, Schwerelosigkeit, das schien für sie nicht das Thema zu sein. Als Nächstes platzierte ich das Handy auf dem Tisch.

»Das hier ist Finn«, stellte ich vor. »Finn steckte seit fast zwei Jahren in einer On-Off-Geschichte mit einer Arbeitskollegin fest, als er hier vor mir saß. Die beiden waren zwar nicht anderweitig gebunden, hielten ihre Beziehung aber trotzdem geheim, weil sie das so wollte. Sie hat sich für Finn geschämt, er erschien ihr nicht, ich zitiere, »standesgemäß«. Finn sagte damals mal zu mir, das habe ich immer noch genau im Ohr, er sei in der ganzen Zeit mit dieser Frau gefühlt um die Hälfte geschrumpft. Wann immer sich ihr eine Alternative bot, hat sie Finn fallen gelassen. Aber da kein Mann es lang mit ihr aushalten konnte, kam sie immer wieder zurück. Finn hat gelitten wie ein Hund. Im Lauf unserer Gespräche kam dann heraus, wie einsam er in seinem Leben ist. Er arbeitete mit dieser Frau zusammen im Schichtdienst, hatte kaum Zeit, neben seinem Beruf Kontakte zu pflegen, sein Adressbuch im Handy war so gut wie leer. Er dachte, wenn er auch noch sie verlieren würde, wäre er endgültig allein – und das machte ihm natürlich Angst. Deswegen ließ er das alles mit sich machen. Um bloß nicht allein zu sein.« – »Oh Gott, der Arme.« Mina war sichtlich bewegt und hatte Mitleid mit Finn.

»Dann habe ich hier noch Katharina«, fuhr ich fort und platzierte den winzigen Pinguin neben Handy und Lautsprecher. »Katharina ist wunderschön. Sie hat schon immer Chancen bei vielen Männern. Man sollte meinen, dass sie ein super Selbstbewusstsein hat. Aber leider fühlte sich Katharina bis vor gar nicht allzu langer Zeit innerlich immer winzig klein. Zu mir kam sie, weil sie mit einem Mann zusammen war, bei dem sie vermutete, dass er narzisstisch sein könnte. Er wertete sie dauernd ab und sich damit auf, verdrehte die Wahrheit immer zu seinen Gunsten, nutzte Katharina aus. Aber nach außen war er eben der Mann, den alle Frauen haben wollten. Für Katharina war er wie ein Statussymbol. Sie fühlte sich durch ihn in der Öffentlichkeit so aufgewertet, dass sie lange Zeit bereit war, dafür all den Schmerz hinter den Kulissen auf sich zu nehmen.« Minas Blick hatte, während ich sprach, auf dem kleinen Pinguin geruht. Sie schüttelte ungläubig den Kopf. »Wie schlimm.« Ihr Blick wanderte zu dem kleinen Playmobil-Mädchen in meinem Schoß »Und was ist mir ihr?« »Anna«, erklärte ich und wendete die Spielfigur in meiner Hand hin und her.

»Anna hatte schon viele komplizierte Beziehungen hinter sich, als sie zu mir kam. Sie war Mitte dreißig und seit zwei Jahren eigentlich das erste Mal in ihrem Leben mit einem Mann zusammen, mit dem es nicht dauernd Streit gab, der nicht versuchte, sie kleinzuhalten, um dessen Liebe und Verbindlichkeit sie nicht permanent kämpfen musste. Aber so glücklich Anna auch hätte sein wollen, sie kam emotional nicht richtig von einem ihrer schwierigen Ex-Freunde los. Immer wieder träumte sie von ihm, manchmal schrieben sie sich Nachrichten, wobei der Typ sich auch dann noch häufig richtig respektlos ihr gegenüber verhielt.« Mina holte tief Luft und schien dann den Atem anzuhalten. »Auch wenn zwischen den beiden körperlich gar nichts passiert ist, war Anna klar, dass dieser Ex-Freund irgendwie die ganze Zeit zwischen ihr und ihrem neuen Partner stand, auf den sie sich nicht richtig einlassen konnte.« Nun atmete Mina tief aus und schloss die Augen. »Was hat sie gemacht?«, wollte sie mit angespannter Stimme wissen. »Das Gute bei diesem Paar«, erklärte ich ihr, »war, dass die beiden offen über alles reden konnten. Anna vertraute sich ihrem Freund an, erklärte ihm, dass sie spüre dass das ein ungesunder Anteil von ihr sei, der sich nach dem schwierigen Ex-Partner sehnte. Sie wollte etwas ändern. Die Gespräche waren nicht leicht, für beide nicht. Aber der neue Mann an Annas Seite liebte sie so sehr, dass er das Ganze irgendwie aushalten konnte. Sie haben sogar zusammen entschieden, dass Anna zu mir kommt.« Ich stellte die Playmobilfigur, die ich die ganze Zeit in meinen Händen gehalten hatte, nun mit etwas Abstand von den anderen drei Gegenständen auf den Tisch. »Bei Anna, das stellte sich schnell raus, ging es um etwas anderes als bei unseren anderen drei Fällen hier.« Ich deute auf den Bluetooth-Lautsprecher. »Anna fehlte nicht, wie Paula, die Lebendigkeit in ihrer Partnerschaft. Und sie fühlte sich auch nicht«, mein Blick richtete sich auf das Handy, »wie Finn einsam und allein. Auch mit ihrem Selbstbewusstsein und dem Wunsch, sich durch ihren tollen Ex-Freund aufzuwerten, hatte das Ganze nichts zu tun, wie bei Katharina. Anna«, fuhr ich fort, »konnte – und ich weiß, das klingt total verrückt – einfach nicht ertragen, von einem Mann geliebt zu werden. Ganz einfach, weil sie es nicht kannte und noch nie in ihrem Leben erfahren hatte. Das Muster, das sie als kleines Mädchen gelernt hatte, war, dass man um die Liebe eines Mannes dauernd kämpfen muss. Wenn Anna nicht beachtet, kleingehalten oder sogar gedemütigt und abgewiesen wurde, fühlte sich das für sie auf eine verquere Art und Weise richtig und vertraut an. Weil es das war, was Anna nicht nur in der Partnerschaft ihrer Eltern beobachtet, sondern im Grunde auch selbst im Verhältnis zu ihrem Vater als kleines Kind wahrgenommen hatte.« Aus

Minas geschlossenen Augen liefen inzwischen Tränen. »Annas wichtigster Glaubenssatz war: Ich muss mich anstrengen, um geliebt zu werden. Je mehr sie um die Zuneigung eines Mannes kämpfen musste, umso mehr wollte sie diesen Mann von sich überzeugen, umso verliebter fühlte sie sich, umso leidenschaftlicher wurde sie. Aber dieses Gefühl war eben eigentlich gar keine Liebe, sondern eine Art von emotionaler Abhängigkeit ...« An dieser Stelle machte ich eine Pause. »Was macht das mit dir, Mina, bist du o.k.?«, horchte ich nach. Mina öffnete langsam die tränennassen Augen. Sie sah mich an, während sie eine Hand auf ihren Brustkorb legte. »Anna«, sagte sie dann, »das hat mich hier getroffen. Mitten ins Herz. Ich kann das fühlen. Ich kann *genau das* hier fühlen. Ich möchte den Kampf nicht mehr brauchen müssen.«

Mina kam in den folgenden zehn Monaten regelmäßig zu mir, um ihr Muster noch genauer zu verstehen und es durchbrechen zu lernen. Nach etwa vier Wochen beendete sie die Affäre mit Florian, auf den sie einen immer realistischeren Blick bekam, und weihte Jan kurze Zeit später in alles ein. Das Paar ging gemeinsam durch eine extrem schwierige Zeit, einige Male stand die Beziehung auf der Kippe, am Ende trennten sie sich aber nicht – wie es bei vielen anderen sicher passiert wäre. Kurz bevor ich mit dem Schreiben an dieser Geschichte begann, schickte ich Mina eine E-Mail, um mich zu erkundigen, wie es ihr und Jan inzwischen geht. »Heute«, antwortete sie mir, »sind wir beide dankbar dafür, wie alles gekommen ist, glaube ich. Jan und ich können seit damals anders miteinander reden, sind noch offener und ehrlicher miteinander geworden. Wie alle Paare haben wir gute und etwas weniger gute Phasen. Aber ich habe noch nie in meinem Leben einem Menschen so vertraut – und das Schönste ist, dass Jan trotz allem, was ich ihm angetan habe, das Gleiche inzwischen auch wieder von mir sagt. Ich wünsche mir, dass wir für immer zusammenbleiben.«

Jeder von uns kennt sie: Diese Freundin oder diesen Freund, der oder die immer an die falschen Partner gerät. Der oder die respektlos, lieblos, perspektivlos, im schlimmsten Fall sogar gewalttätig behandelt wird – und trotzdem bleibt oder immer wieder zurückkehrt. Dem oder der man irgendwann sagt: »Lass doch nicht zu, dass jemand so mit dir umgeht! Das tut dir nicht gut! Ich wünsche dir so sehr eine Beziehung mit jemandem, der dich wirklich liebt!« Und vielleicht bist auch du selbst einer von denjenigen, die dann antworten müssen: »Du verstehst das nicht.« – »Ich kann das nicht.« – »Ich liebe ihn/sie aber so.« »Er/sie meint das nicht böse.«

Der Reiz, mit jemandem »zusammen« zu sein, der sie schlecht behandelt, ist, so paradox das klingt, für wirklich viele Menschen groß. Nicht von ungefähr gibt es zahlreiche Ratgeberliteratur zu den Themen toxische Beziehungen, Narzissmus oder psychische und physische Gewalt in Partnerschaften und wie man sich daraus befreit. Das liegt natürlich nicht daran, dass wir Menschen reihenweise Masochisten sind. Die meisten – oder vermutlich alle –, die in solchen Konstellationen stecken, wollen unbewusst einen eigenen Schmerz mit dieser ungleichen Beziehung heilen. Sie suchen nach Selbstwert und Aufwertung, nach dem Ende der Einsamkeit, reinszenieren eine Erfahrung der (oft kindlichen) Vergangenheit, bestätigen negative Glaubenssätze über sich selbst. Vor allem aber wünschen sie sich alle so sehr, dass endlich alles gut wird, dass sie geliebt werden und ankommen können. Um dieses Ziel zu erreichen, sind sie – meist ohne das so benennen zu können – bereit, jede Menge Leid über sich ergehen zu lassen.

Das besonders Fatale an dieser Art von Beziehungen ist nun, dass sie durch die andauernde Anspannung, den permanenten Kampf, meist einen hohen Grad an körperlicher und emotionaler Leidenschaft mit sich bringen – was sich schnell mit Liebe verwechseln lässt.

Durch das ständige Wechselbad der Gefühle werden im Körper in einem Moment jede Menge Stresshormone ausgestoßen, im nächsten aber auch entsprechend viel Dopamin – das Glückshormon. Ein Cocktail, der einen in jeder Richtung an die eigenen Grenzen bringt und schnell abhängig macht. Und seien wir mal ehrlich: Wie entspannt, gleichbleibend und – bitte nicht missverstehen – »langweilig« kann eine gesunde Beziehung im Vergleich erscheinen.

»Muss ich mich schlecht behandeln lassen, um mich richtig zu verlieben?«, »Warum verliebe ich mich immer in Arschlöcher?« oder »Warum kann ich mit meinem wundervollen Partner nicht einfach glücklich sein?« sind daher Fragen, die ich von meinen Klientinnen und Klienten bereits sehr, sehr häufig gehört habe. Sie haben in einer wenig wertschätzenden Beziehung oder Bekanntschaft oft die größten Schmetterlinge ihres Lebens im Bauch (gehabt) und zweifeln an sich selbst und ihrer Fähigkeit, glücklich zu lieben. Die Antwort, die ich dann gebe, ist klar: Vielleicht ist es leider so, dass du dich momentan noch schlecht behandeln lassen musst, um dich richtig zu *verlieben* – aber das bedeutet auf keinen Fall, dass du in Zukunft nicht glücklich *lieben* kannst. Finde heraus, was es ist, was genau du heilen möchtest, indem du dein Herz bisher an Menschen verschenkst, die nicht sorgsam mit ihm umgehen: Suchst du nach Selbstwert, nach der Bestätigung negativer Glaubenssätze, hast du Angst vor Einsamkeit oder vor echter Nähe? Was könnte es noch sein? Wenn du das einmal erkannt hast, wirst du sicher schon erste Impulse verspüren, dein Muster zu durchbrechen. Dann geht es darum, am Ball zu bleiben, weiter an dir zu arbeiten und immer besser zu fühlen, was dein Herz sich wirklich wünscht: Liebe, Geborgenheit, Angenommensein, Vertrauen. So wird es den Weg zu einem Menschen einschlagen, bei dem du das auch tatsächlich finden kannst.

PS für dein Herz:

Lass nicht zu, dass dein Partner dich schlecht behandelt. Wende dich den Menschen zu, die gut zu dir sind. Verwechsle Abhängigkeit nicht mit Liebe. Wer sich dir gegenüber respektlos, abwertend oder gewalttätig verhält, dessen Problem bist nicht du – sondern er selbst! Die Liebe muss weder kompliziert sein, noch weh tun. Du bist es wert, geliebt zu werden.

3.

»Also muss ich jetzt herausfinden, wo genau es für mich langgeht?«

Liebst du deinen eigenen Weg?

Es gibt Geschichten, die nur das wahre Leben schreiben kann. Bei denen man im Kino vermutlich den Kopf darüber schütteln würde, was für einen unrealistischen Blödsinn der Drehbuchautor sich da ausgedacht hat! So was gibt es in Wirklichkeit doch gar nicht! Ich sage: Gibt es doch. Denn in meiner Arbeit sind mir bereits einige unglaubliche Fälle begegnet. Der Folgende, die Geschichte der 32-jährigen Philippa, ist einer von ihnen.

Schon der Weg, auf dem Philippa zu mir kam, war ungewöhnlich. Üblicherweise buchen unsere Klienten ihre Beratungsstunden einfach über die Liebeskümmerer-Website. Manchmal hat jemand vorher eine organisatorische Frage und schickt dann eine E-Mail oder eine Whatsapp-Nachricht. Auffällig selten aber rufen Interessierte unsere Büronummer an – vermutlich, weil wir heute alle daran gewöhnt sind, dass ein Großteil unserer Kommunikation online stattfindet. So kam es jedenfalls, dass ich mich nur mit meinem Vornamen meldete, als eines Tages im Spätsommer 2014 das Telefon neben mir auf dem Schreibtisch klingelte.

»Hallo, hier ist Elena.«

»Ja, hallo, mein Name ist Philippa. Bin ich da richtig bei *Die Liebeskümmerer*?«

»Oh ja, entschuldige, ganz genau. Was kann ich für dich tun, Philippa?«

»Alles gut! Ich würde gern eine Beratungsstunde vereinbaren.«

»Sehr gern. Hast du schon einmal auf unsere Website geschaut? Da siehst du unser ganzes Team und kannst direkt online buchen.«

»Ja, das habe ich gesehen, danke. Aber geht das eventuell auch so, über das Telefon?«

»Einen Termin zu vereinbaren, meinst du?«

»Ja, genau, einen Termin bei dir – ich hoffe, es ist o.k., wenn ich auch Du sage?«

»Ja, natürlich! Klappt die Buchung auf der Website bei dir nicht, Philippa?«

»Doch, bestimmt. Das ist nicht das Problem. Aber ich würde lieber nicht meine Daten irgendwo eintragen, falls das möglich ist.«

»Verstehe. Wobei du dir in puncto Datenschutz wirklich keine Sorgen machen musst.«

»Das glaube ich gern. Ich bin nur aus bestimmten Gründen besonders sensibel. Es steht viel auf dem Spiel.«

»Alles gut. Ich hole kurz meinen Kalender raus, einen Moment. Übernächste Woche, Montag oder Dienstag, jeweils 17 Uhr?«

»Montag, das passt super. Wo die Praxis ist, habe ich schon auf der Website gesehen. Aber eine Frage noch: Kann ich bar bezahlen? Damit ich keine Rechnung kriege und auch meine Karte nicht bei euch benutzen muss?«

Ich habe in meiner Praxis schon einige Prominente beraten: bekannte Fernsehmoderatoren, Musiker, Profisportler. Außerdem Partner von berühmten Schauspielerinnen, Affären von Spitzenpolitikern. Denn auch wenn viele Menschen denken, dass die Schönen, die Reichen, die Erfolgreichen keine großen Probleme mit der Liebe haben, weil sie so umschwärmt und begehrt werden: Das ist ein Irrtum. Meiner Erfahrung nach ist es eher so, dass gerade die Tatsache, dass man in der Öffentlichkeit steht, durchaus ein Hindernis für die Liebe sein kann: Weil man zum Beispiel nicht so genau weiß, ob man um seiner selbst willen oder wegen seiner gesellschaftlichen Stellung gemocht wird. Oder weil der turbulente Lebenswandel vieler dieser Menschen für sie und ihre Partner einige praktische und auch psychische Herausforderungen mit sich bringt. Ich erinnere mich noch gut daran, wie jemand, den man in Deutschland einen »A-Promi« nennen würde, einmal vor mir saß und mir gestand, dass er gefühlt sein ganzes Leben lang nur die Rolle des selbstbewussten Strahlemannes spiele – in Wahrheit und wenn die Kameras aus waren, sah es in ihm ganz anders aus. Dann hatte er Selbstzweifel, kam sich hohl und dumm vor und vor allem: nicht liebenswert. Seine größte Sorge war, mit seinem »Betrug« irgendwann einmal aufzufliegen, sogar in seiner eigenen Partnerschaft.

Anhand ihres Namens hatte ich bei Philippa keine Ahnung, wer genau da zu mir kommen würde. Eine Philippa mit einem derart erhöhten Bedürfnis nach Diskretion, da fiel mir nur Pippa Middleton, die Schwester der britischen Prinzessin Kate, ein, die es natürlich nicht sein konnte. Etwas gespannt wartete ich an besagtem Montagnachmittag also auf das Klingeln an meiner Praxistür, das auf die Minute genau um 17 Uhr erklang. Wenige Augenblicke später sah ich mich einer jungen Frau mit langem, blondem Haar gegenüber, an der mir zuerst auffiel, wie ungewöhnlich jung sie aussah. Ich hätte Philippa auf vielleicht Mitte zwanzig geschätzt – üblicherweise sind die jüngsten Menschen, die zu mir kommen, um die dreißig Ihr Gesicht war, das kann ich nicht anders sagen, wunderschön. Sie hatte große, unglaublich blaue Augen, eine schmale, gerade Nase und einen beneidenswert perfekten Mund. Ihr Pony hing ihr fransig in die Stirn, die übrigen, vor Gesundheit glänzenden, festen Haare reichten bis auf die Schultern eines eleganten beigefarbenen Trenchcoats. Philippas lange Beine steckten in einer engen Bluejeans, dazu trug sie Pumps, in den Händen hielt sie eine große Tasche aus geflochtenem Leder. Alles an ihr wirkte nicht nur geschmackvoll, sondern auch auf eine besondere Art hochwertig und teuer, ohne dabei protzig zu sein. Man hätte denken können, sie wäre direkt einer Hochglanz- oder Promi-Zeitschrift entsprungen – bekannt, im prominenten Sinn, kam sie mir jedoch immer noch nicht vor. Das Zweite, was mir sofort an Philippa auffiel, war, wie ausgesprochen höflich und auf eine ganz angenehme Art souverän sie auftrat. Ich kann heute nicht einmal mehr genau sagen, woran ich es festmachte, aber ich hatte schon nach wenigen Momenten den Eindruck, dass Philippa eine junge Frau war, für die gutes Benehmen eine Selbstverständlichkeit, etwas vollkommen Verinnerlichtes und Natürliches war. Vermutlich war sie es gewohnt, sich in Kreisen zu bewegen, in denen das zum guten Ton gehörte.

Ich habe das Thema Datenschutz und Philippas Gründe für die Befürchtung, bei mir irgendwelche »Spuren« zu hinterlassen, gar nicht noch einmal angesprochen, sondern gewartet, welche Informationen dazu sich eventuell von ganz allein im Verlauf unseres Gesprächs ergeben würden. Doch Philippa selbst hatte wohl den dringenden Wunsch, sich zu erklären: »Ich hoffe, unser Telefonat hat auf dich nicht zu seltsam gewirkt«, begann sie, nachdem wir Platz genommen hatten. »Es war mir im Nachgang noch etwas unangenehm. Aber meine Sorge bezüglich der Daten ist ein Teil des Problems, dessentwegen ich heute hier bin.« Sie sagte wirklich »dessentwegen«. »Wenn aus meiner Familie jemand erfahren würde, dass ich mir so eine Art von Hilfe nehme wie deine, würden sie vielleicht ahnen, was los ist. Und dann würden sie versuchen, es zu verhindern.« Für mich klang das alles ziemlich kryptisch, aber ehe ich hätte nachhaken können, fuhr Philippa fort: »Ich würde das, was ich jetzt sage, normalerweise wirklich niemals so aussprechen. Aber hier spielt es eben eine Rolle.« Es war deutlich zu spüren, dass ihr die folgenden Worte unangenehm waren. »Meine Familie gehört zu den vermögendsten Familien Deutschlands. Und so sehr wir uns nach außen bemühen, nicht groß aufzufallen, und so wenig die Leute auch über uns wissen, innerhalb der Familie fühle ich mich manchmal wie ein gläserner Mensch. Wenn ich also hier bei dir mit meiner Karte zahlen würde, kriegt das irgendwer mit. Unsere Buchhalter, Steuerberater, die Bank. Oder wenn ich über eure Website buche, dein Steuerberater, deine Bank. Da muss nur mal einer meinen Namen kennen, der die Verschwiegenheit nicht so ernst nimmt, das ist mir zu heikel. Aber unter falschem Namen wollte ich mich auch nicht anmelden.« Ich nickte. Ich verstand Philippa wirklich. Nicht, weil ich mich besonders gut mit den Nöten superreicher Menschen auskennen würde, sondern weil das, was sie da sagte, vollkommen echt und authentisch wirkte. »Fühlst du dich so, wie wir es jetzt gelöst haben, denn wohl hier bei mir? Oder brauchst du noch irgendwas, um dich entspannen zu können?«, erkundigte ich mich. »Nein, danke, das ist lieb. Jetzt ist alles gut«, sagte Philippa und lehnte sich, wie um das zu unterstreichen, lächelnd auf meinem Sofa zurück. »Prima. Schön, dass du hier bist, Philippa. Was führt dich zu mir?«

Das, was nun folgte, war für mich wie ein Ausflug in eine andere Welt. Vier Wochen zuvor, berichtete Philippa mir, sei sie in ihrem Privatjet allein auf dem Weg von New York nach London gewesen, als ihre Maschine über dem Atlantik plötzlich in eine sogenannte »Clear Air Turbulence« geraten sei – eine auf dem Wetterradar nicht in Form von Wolken oder Gewitter sichtbare und dadurch vollkommen unvorhersehbare, starke Turbulenz. Der Jet war ohne jede Vorwarnung plötzlich kopfüber Richtung Erde – beziehungsweise Wasser – gestürzt. So überraschend und schnell sei alles gegangen, sagte Philippa, dass weder der Pilot noch die übrige Crew sie warnen oder irgendwelche Sicherheitsmaßnahmen hätten ergreifen können: Gegenstände waren durch die Luft geflogen, Essen und Getränke hatten sich überall verteilt, es wurde geschrien, gebetet und geweint. Allein bei der Vorstellung stockte mein Atem. Für eine Minute, erklärte Philippa mir, sei sie sich sicher gewesen, dass sie nun sterben würde – eine gefühlte Ewigkeit lang. Man höre ja immer, dass im Angesicht des Todes das ganze Leben, das man gelebt hat, noch einmal an einem vorbeiziehe. Bei ihr sei das allerdings anders gewesen. Sie habe, sagte Philippa, in diesen fürchterlichen Sekunden nur an das Leben gedacht, das sie *nicht* gelebt hatte. Bilder vor ihrem inneren Auge gesehen, wie es hätte sein *können*. Und als sie irgendwann spürte, dass die Maschine sich wieder fing, als das Trudeln und das Rasen aufgehört hatten und die Luft sie wieder zu tragen schien, sei ihr klar gewesen, dass sie in Zukunft alles ändern wollte, wenn sie wirklich lebend auf der Erde landete.

Normalerweise sind meine Klienten es, die im Gespräch manchmal einige Augenblicke brauchen, um sich zu fangen. Die tief durchatmen und erst einmal mit dem Ausgesprochenen zurechtkommen müssen. Diesmal war ich es. Philippa hingegen wirkte sehr gefasst. »Ich weiß, das klingt alles total schlimm«, kommentierte sie wohl den Ausdruck auf meinem Gesicht. »Aber es ist jetzt schon vier Wochen her und irgendwie habe ich das für mich anders verarbeitet. Ich fühle mich nicht traumatisiert oder so etwas. Im Gegenteil. Ich sehe diesen Absturz als Chance. Seitdem das passiert ist, habe ich viel darüber nachgedacht, wo ich mit meiner Veränderung anfangen soll, und bin zu dem Entschluss gekommen, dass das Beste und Wichtigste ist, bei meiner Partnerschaft zu beginnen. Deswegen bin ich hier bei dir.« Einige Momente lang schauten wir uns schweigend in die Augen. Diese junge Frau wirkte so entschlossen mit ihrem ungewöhnlichen Anliegen, das beeindruckte mich. Ich nickte. »Alles klar. Dann hol mich erst mal ins Boot, damit ich besser verstehe, was bei dir genau los ist. Was ist mit deiner Beziehung? Warum soll niemand davon erfahren? Und was ist das für ein neues Leben, das du dir wünschst?« Philippa musste lachen. »Zum Glück heißt es ›jemanden ins Boot holen‹ und nicht ›jemanden ins Flugzeug holen‹. Ich weiß nämlich nicht, ob ich da gerade schon wieder einsteigen würde!« Dann legte sie los.

Philippas Familie war schon seit vielen Generationen sehr vermögend. Seit ihrer Geburt war Philippa, das kleinste von drei Geschwistern, daher in großem materiellem Luxus aufgewachsen. Bereits in ihrer frühen Kindheit war sie mit ihren Eltern und Brüdern um die ganze Welt gereist. Auch, um die unzähligen Firmenstandorte des Familienunternehmens zu besuchen, und stets in Begleitung von zwei Kindermädchen. Ihre Schulzeit hatte sie mit Privatlehrern, in Privatschulen und später Internaten verbracht und schließlich an einer ebenfalls privaten und sehr renommierten Hochschule Wirtschaftswissenschaften studiert. Anschließend war sie, wie ihre beiden Brüder auch, nahtlos in den Familienkonzern eingestiegen und der Plan für die kommenden Jahre sah vor, dass sie und ihre Geschwister sukzessive Führungspositionen übernehmen sollten. Schon von klein auf, erklärte Philippa mir, sei ihr Weg innerhalb dieser Dynastie im Grunde vorgezeichnet gewesen und sie in dem Gefühl groß geworden, dass es vollkommen selbstverständlich und vor allem richtig sei, ihm zu folgen. Ihre Urgroßeltern hatten es so gemacht, ihre Großeltern, Eltern und die geliebten und bewunderten großen Brüder. Dafür, auch mal rechts und links zu schauen oder die Dinge infrage zu stellen, habe es eigentlich nie Raum oder auch nur ein Bewusstsein gegeben – weder in Bezug auf die schulische und berufliche Laufbahn noch privat. Lange Zeit, meinte Philippa, sei ihr das nicht mal wirklich aufgefallen. Für sie sei normal gewesen, dass »man« auf die besten Schulen gehe, die beste Universität besuche, die elitärsten Hobbies ausübe und sich daher eben auch in erster Linie unter Menschen aus ähnlichen Kreisen bewege. Bis sie sich mit vierzehn in den Sommerferien einmal in einen jungen Mann verliebt habe, der aus »einfacheren Verhältnissen« stammte und in ihrem Tennisclub als Reinigungskraft arbeitete. Da habe sie, der als Kind immer gesagt worden sei, dass Geld vor allem Freiheit bedeute, plötzlich das Gegenteil erfahren: Die ganze Familie hatte auf sie eingewirkt, sich den Jungen aus dem Kopf zu schlagen, so jemand passe nicht zu ihr und sie solle sich besser wieder den Mitschülern in ihrem schottischen Internat zuwenden, wenn sie überhaupt schon erste Erfahrungen sammeln wolle. Als Philippa gezögert und sich weiter mit dem jungen Mann getroffen hatte, waren ihre Schulferien abrupt beendet und sie zurück nach Schottland geschickt worden. So hatte das Mädchen eine wichtige Lektion für ihr Leben gelernt, die ihr später noch in vielen weiteren Momenten begegnen sollte: *Folge nicht deinem Herzen und deinem persönlichen Weg, sondern dem der Familie. Denn die Familie, das große Ganze, ist wichtiger als jeder Einzelne von uns. Dafür trägst auch du Verantwortung. Und indem du das Richtige für die Familie tust, tust du auch das Richtige für dich.* Während ihrer nächsten Ferien in Deutschland hatte der Junge nicht mehr im Tennisclub gearbeitet und Philippa auch nie wieder etwas von ihm gehört. Erst viele, viele Jahre später war herausgekommen, dass einer ihrer Brüder damals »im Auftrag«

der Familie diese Sache hinter den Kulissen »geklärt« – also vermutlich für die Kündigung des jungen Mannes gesorgt – hatte.

Im Studium hatte Philippa Arthur, ihren heutigen Verlobten, den Sohn einer erfolgreichen britischen Bankiersfamilie, kennengelernt, mit dem sie seit einigen Jahren in London, Berlin und zeitweise auch in New York lebte. Die standesgemäße Hochzeit der beiden war unter großer Vorfreude aller Angehörigen für den kommenden Frühsommer geplant. »Sag mal, Philippa, wie alt bist du eigentlich?«, hakte ich an dieser Stelle ein. Ich schätzte sie noch immer auf Mitte zwanzig und war erstaunt, wie all das, was sie mir berichtete, überhaupt in diese wenigen Lebensjahre gepasst haben konnte. »Ich bin im Sommer 32 geworden«, sagte Philippa zu meiner Verwunderung. »Und meine Eltern finden, das ist schon ganz schön spät für eine Heirat, zumal unsere Familien unternehmerisch schon seit unserer Verlobung eng verbunden sind. Und tja, damit wären wir dann auch beim eigentlichen Thema …« An dieser Stelle veränderte sich etwas in Philippas Ausdruck, die bisher alles sehr gefasst und beinahe etwas abwesend vorgetragen hatte. Ihr Gesicht wurde traurig, ihre Stimme klang brüchiger und sie schien nun länger über ihre Worte nachzudenken. »Weißt du, wenn ich ganz ehrlich zu mir bin, schiebe ich diese Hochzeit seit zwei Jahren mit lauter Vorwänden vor mir her. Nicht, weil ich mit Arthur unglücklich bin. Er ist ein guter Typ. Wir lachen viel zusammen, wir haben die gleichen Freunde, er ist sehr attraktiv und trägt mich auf Händen. Aber ich …« Sie brach mitten im Satz ab. Ich hielt es für ein Stocken und wartete einen Moment – doch Philippa schwieg. Aus ihren großen Augen sah sie mich nur durchdringend an. Sachte nickte ich ihr zu, um ihr zu signalisieren, dass sie hier bei mir wirklich alles aussprechen konnte. Auch das Unaussprechliche. Sie schluckte, ehe sie erneut ansetzte: »Aber ich … Ich liebe ihn nicht. Ihn nicht und das ganze Leben, das ich lebe, nicht. Ich komme mir so undankbar vor. Wie viele Menschen würden gern mit mir tauschen. Aber ich … will das alles … nicht mehr. Das ganze Geld, die ganzen Zwänge. Erwartungen, Verantwortung. Ich bin es leid! Und vor allem die ganze Fremdbestimmtheit. Aber wenn ich mich von Arthur trenne, bedeutet das für die Firma unter Umständen einen großen Schaden. Niemals wird meine Familie das akzeptieren.« Philippas letzte Worte wurden bereits durch ein Schluchzen erstickt. Sie weinte heftig.

Während meine Klientin vor mir saß und die Tränen ihr in ganzen Sturzbächen die Wangen hinunterliefen, fügte sich in meinem Kopf ein Puzzleteil ins andere: Der wunderschöne goldene, aber so beengende Käfig, in dem diese junge Frau ihr bisheriges Leben verbracht hatte. Der emotionale und moralische Konflikt, den schon der bloße Gedanke an ein Ausbrechen aus diesem Käfig für sie bedeutete. Der zeitliche und perspektivische Druck der bevorstehenden Hochzeit, der privat und unternehmerisch auf Philippas Schultern lastete. Ihre Sorge, dass ihre Familie etwas von ihrem Besuch bei mir mitbekam und ahnen würde, dass sie in Erwägung zog, die Verbindung mit den britischen Partnern zu gefährden. Philippa hatte recht: Es hatte vermutlich ein Erlebnis von der Tragweite des Flugzeugabsturzes gebraucht, um überhaupt die Kraft und den Mut aufbringen zu können, in diesem ganzen Konstrukt auch nur im Ansatz einen Fluchtversuch zu wagen.

Ich reichte Philippa ein Taschentuch und wartete, bis sie sich ein wenig beruhigt hatte. Da unsere gemeinsame Stunde sich inzwischen bereits dem Ende näherte, musste ich entscheiden, ob ich die verbleibende Zeit dafür nutzen wollte, Philippa mein Verständnis für ihre Situation zu spiegeln und sie zu stärken, indem ich vermittelte, für wie »normal«, »erlaubt« und »okay« ich ihre Gefühlswelt hielt. Oder aber, ob ich sie mit einer positiven Vision aus diesem ersten Termin herausgehen lassen und den vorherigen Gedanken damit in gewisser Weise implizieren wollte. Ich entschied mich für Letzteres. »Weißt du, was mich jetzt gerade besonders interessieren würde?«, begann ich. »Du hast vorhin davon gesprochen, dass du im Flugzeug die ganze Zeit nur an das Leben denken konntest, das du *nicht* gelebt hast. Was für Bilder waren das denn, die dir da in den Sinn gekommen sind? Kannst du die genau beschreiben?« Philippa weinte noch immer, aber auf ihren Lippen zeichnete sich nun so etwas wie ein Lächeln ab. »Oh ja, das kann ich. Die werde ich nie wieder vergessen.« Sie wischte sich mit dem Taschentuch die Tränen aus dem Gesicht, schnaubte sich auffällig elegant die Nase und ließ den Blick dann nach oben wandern – so, als könnte sie, wenn sie sich nur genug konzentrierte, die besagten Bilder aus ihrem inneren Auge direkt an die Zimmerdecke werfen. »Das Erste, was ich gesehen habe, war ich, mit vielleicht Mitte zwanzig, in Arbeitskleidung auf einer Art Bauernhof. Mit Kühen! So richtig mit Gummistiefeln, Gummihose, Handschuhen. Total verrückt, so was habe ich noch nie angehabt. Aber ich sah sehr glücklich aus.« Ich musterte unwillkürlich ihre schmalen Pumps. »Das Zweite war ich, etwas älter, beim Einkaufen in einem ganz normalen Supermarkt, in der Obst- und Gemüseabteilung. An der Hand hatte ich ein kleines Mädchen mit schmutziger Hose. Es lachte.« Philippas Stimme wurde ganz warm beim Aussprechen dieses letzten Satzes. »Und dann ich, fast so alt wie jetzt, im Arm eines Mannes. Er sah so aus, wie ich mir den Jungen vom Tennisclub vielleicht heute vorstellen würde. Eigentlich nicht besonders gut aussehend, aber darum geht es auch gar nicht. Ich fühlte mich ihm einfach sehr nah. Und ich wusste, dass wir zusammengehören. Einfach, weil wir uns lieben. Und nicht, weil es wünschenswert ist oder gesellschaftlich vernünftig oder weil nichts Gravierendes dagegenspricht. So, wie es eben eigentlich sein sollte. Oder?« An dieser Stelle fasste Philippa mit beiden Händen ihre Haare hinter dem Kopf zusammen und zwirbelte sie zu einem losen Zopf, den sie sich dann auf die Schultern fallen ließ. »Weißt du, Elena, diese Momente im Flugzeug, das hat sich so angefühlt, als hätte sich ein Teil von mir plötzlich gemeldet, den ich irgendwie schon immer in mir hatte, der aber komplett ausgeblendet war. Wie ein besserer Zwilling von mir, der mich wachrütteln will. Das, was ich da gesehen habe, war so anders als die Realität, in der ich lebe. Und es hat mich trotzdem so viel glücklicher gemacht. Aber wie soll ich es bloß schaffen, da hinzukommen? Ohne Arthur zu verletzen? Ohne meine Familie komplett gegen mich aufzubringen?«

»Wir haben heute nicht mehr viel Zeit«, sagte ich zu Philippa, nachdem ich einige Momente nachgedacht hatte, »und die wird es definitiv brauchen. Aber ich glaube, dass du eigentlich nur zwei Möglichkeiten hast.« Sie schaute mich aufmerksam an. »Die erste ist, dass du dir eine präzise Taktik überlegst, wie du geschickt vorgehst. Wann du wem was sagst, wie du es an anderer Stelle noch geheim halten kannst. Auf welche Weise du möglichst viel emotionalen und wirtschaftlichen Schaden verhinderst und wie du auf welche Eventualitäten reagierst. Einen ausgeklügelten Masterplan.« Selbst für mich, die ich nur einen Bruchteil der Komplexität von Philippas Situation kannte, klang das schon beim Aussprechen nach sehr viel Stress. Es wunderte mich nicht, dass sie die Stirn in Falten legte. »Oder aber du nimmst ab jetzt nur noch einen Weg: den der schonungslosen Ehrlichkeit. Nicht nur den anderen gegenüber, sondern vor allem für dich selbst. Werde dir klar darüber, wie dein Weg in Zukunft genau aussehen soll, Philippa. Was sagt dir dein Herz? Geht es da wirklich um einen Bauernhof? Oder darum, selbst einkaufen zu gehen, Mutter zu sein? Willst du auf den ganzen Luxus verzichten? Den Kontakt zu deiner Familie aufrechterhalten oder in Kauf nehmen, dass er bricht? Je mehr solche persönlichen Fragen du dir beantworten kannst, desto klarer werden dein Ziel und der

Weg dorthin. Umso genauer weißt du, wo du lang musst. Du wirst einfach automatisch wissen, wie du dich wann am besten verhältst. Und auch für Arthur wird es leichter sein, mit euch abzuschließen. Er wird spüren, dass du es ernst meinst und dass es nichts mit ihm zu tun hat.« Während ich sprach, hatte Philippa ihre wunderschön geschwungenen Lippen nach innen gestülpt – sie hörte angespannt zu. Nun legte sie den Kopf in den Nacken, atmete tief aus und schaute mich dann mit derselben Entschlossenheit, mit der sie vor einer Stunde hereingekommen war, an. »Alles klar«, sagte sie. »Die zweite Idee fühlt sich gerade unglaublich richtig an. Also muss ich jetzt herausfinden, wo genau es für mich langgeht?«

Als Philippa an diesem Tag meine Praxis verließ, hätte ich vieles für möglich gehalten: Dass ich sie nie wiedersehen würde, weil der Druck ihrer Familie am Ende vielleicht doch über ihren Wunsch nach Freiheit obsiegte. Dass sie mich schon kurze Zeit später anrufen und vollkommen aufgelöst sein würde, weil die ganze Situation eskaliert war. Dass ich irgendwann in einer Zeitschrift einen Artikel über einen hippen Biobauernhof in Mecklenburg-Vorpommern lesen und ein Bild von Philippa mit einer glücklichen Kuh entdecken würde. Oder eben, dass sie weiter zu mir kommen würde und ich sie ein Stück weit auf der Suche nach ihrem eigenen Weg unterstützen und begleiten könnte. Das, was dann tatsächlich passierte, bestätigte mich wieder einmal in der Überzeugung, dass es wirklich das Leben ist, das die verrücktesten Geschichten schreibt:

Ich hörte zunächst nichts mehr von Philippa und erkundigte mich auch nicht nach ihr, wie ich es sonst nach einem so intensiven Gespräch vermutlich getan hätte – um ihrem Wunsch nach Diskretion nachzukommen. Allerdings dachte ich in den kommenden Wochen immer mal wieder an diese so ungewöhnliche Klientin und ihr extremes Erlebnis. Und ich muss gestehen, dass ich mich einmal sogar an meinen Computer setzte und versuchte, ein bisschen über Philippa und ihre Familie zu recherchieren. Aber abgesehen von Firmendaten und einigen sachlichen und vollkommen allgemein gehaltenen Informationen, die nur bestätigten, dass Philippa mir die Wahrheit über sich erzählt hatte, war nichts zu finden. Dann kam Weihnachten und ich verschickte Heiligabend am Nachmittag noch kurz ein paar E-Mails, als plötzlich eine Nachricht eintraf: »Weihnachtsgrüße aus Kroatien« las ich in der Betreffzeile. Um ein Haar hätte ich die Mail ungelesen gelöscht, da ich niemanden in Kroatien kenne und sie für Spam hielt. Doch die Absenderadresse ließ mich aufmerksam werden: philippa010814@gmx.net. Konnte das sein? Ich klickte auf das Fenster.

Liebe Elena,

ich war vor einigen Monaten einmal bei dir in der Praxis, vielleicht erinnerst du dich: Es ging um meinen Beinahe-Flugzeugabsturz, meine Beziehung und mein ganzes Leben.

Ich wollte mich schon länger melden, um DANKE zu sagen. Du hast mir damals den Rat gegeben, dem Weg der Wahrheit zu folgen – und ich habe nach unserem Gespräch gespürt, dass ich diesen Weg, meine Wahrheit, längst kannte und mich nur nie getraut habe, ihn zu gehen. Um es kurz zu machen: Ich habe mich kurz nach unserem Termin von meinem Verlobten getrennt, indem ich ihm alles genauso ehrlich gesagt habe wie dir. Er hat es viel besser aufgenommen, als ich erwartet hatte. Das hat mir den Mut gegeben, mich auch meiner Familie zu offenbaren. Dort lief es leider nicht so gut und es ist seitdem extrem schwierig, mit vielen Vorwürfen, Streit und Tränen auf allen Seiten. Aber ich ertrage das irgendwie und habe einen Funken Hoffnung, dass auch das sich irgendwann vielleicht wieder einrenken wird.

Für mich persönlich habe ich im Herbst beschlossen, dass ich eine ganz neue Lebensphase beginnen und endlich dem folgen möchte, was mein Herz mir wirklich sagt. Seit vier Wochen bin ich nun in Kroatien und arbeite und lebe hier erst mal für mindestens ein Jahr als Volunteer in einem Tierheim. Was ich danach mache, weiß ich noch nicht genau, aber eines ist sicher: Ich werde nicht zurück in die Firma und auch nicht zurück in mein altes Leben gehen. Ich habe erkannt, dass ich vor allem etwas Sinnvolles tun und mich auf dieser Welt nützlich machen möchte. Vielleicht weiterhin mit Tieren oder mit Kindern, Kranken, Schwachen, mal schauen. Möglicherweise unterstützt meine Familie mich mit einem Teil unseres Vermögens dabei. Wenn nicht, dann nicht. Das wird an meinem Weg nichts ändern. Weil es eben mein Weg ist.

Natürlich mache ich mir auch Gedanken darüber, was das alles für die Liebe in meinem Leben bedeutet und ob ich überhaupt einen Mann finden werde, den ich so liebe, wie ich es mir wünsche – und umgekehrt. Das kann mir wohl niemand sicher sagen. Aber ich glaube fest daran, dass ich dabei bin, die besten Voraussetzungen dafür zu schaffen. Mal schauen, was die Zukunft bringt.

Also, ich wünsche dir von Herzen frohe Weihnachten, Elena!

Deine Philippa

PS: Vielleicht ist dir die Mailadresse aufgefallen: 010814, 1. August 2014, das ist der Tag des Absturzes gewesen. Ich kann gar nicht oft genug an dieses Datum denken.

Im Anhang der Mail befand sich ein Foto von Philippa. Ungestylt, ohne Pumps und ohne Handtasche – dafür in Jeans, Sportschuhen, Hoodie, mit hochgebundenem Haar in einem Rudel von Hunden. Und mit einem strahlenden Lachen in ihrem schönen Gesicht.

Ich unterscheide in meiner Praxis vier Arten von Menschen: Erstens die, die ihren eigenen Weg noch nicht gefunden haben, denen das aber auch noch nicht klar ist. Zweitens die, die zwar eine große Sehnsucht nach etwas wie einem eigenen Weg haben, aber nicht wissen, wie sie ihn ausfindig machen können. Drittens die, die ihn zwar insgeheim schon kennen, sich aber aus verschiedenen Gründen noch nicht trauen, ihm auch zu folgen. Und viertens die, die ihn gehen – doch die landen vergleichsweise selten bei mir.

Den eigenen Weg im Leben zu gehen – und damit meine ich den Weg, den das eigene Herz sich *wirklich* wünscht, der sich auch im tiefsten *Innern* stimmig und richtig anfühlt –, klingt wie die einfachste Sache der Welt. Und ist dennoch für viele von uns unglaublich schwierig. Kein Wunder: Von Kindesbeinen an wirken zahlreiche äußere Einflüsse auf uns ein. Erziehung, Konventionen, gesellschaftliche Erwartungen und Normen. Schon als Säuglinge spüren wir, wie unsere Eltern uns »gern hätten«, später, was auch bei unseren Geschwistern, Verwandten, bei Freunden und in der Peergroup gut ankommt. Und leider immer auch, was von unserer Umwelt nicht so gern gesehen wird. Wir passen uns an vielen Stellen an und begeben uns so unter Umständen nach und nach auf einen Lebensweg, den andere sich für uns denken, anstatt unserem eigenen Pfad zu folgen. Warum machen wir das? Ganz einfach: Weil wir Menschen geliebt, gemocht und angenommen werden wollen. Dazugehören. Das ist ein menschlicher Urinstinkt. Und so kann es passieren, dass uns die Liebe, Zuneigung und Anerkennung der anderen wichtiger erscheint als das Vertrauen in uns selbst.

Ich kann kaum zählen, wie viele Frauen und Männer seit der Gründung meiner Agentur schon auf meinem Sofa saßen, die bereits im Kleinkindalter gelernt hatten, nicht gut zu sein, wie sie eben waren – und sich in der Konsequenz zu verändern begannen. Die mit zwölf Jahren wussten, was für einen Beruf sie einmal haben würden – weil ihre Eltern das, häufig ungeachtet ihrer tatsächlichen Interessen und Begabungen, längst für sie entschieden hatten. Die schon als Teenager ahnten, homosexuell zu sein, aber sich erst mit Anfang vierzig oder später outeten und bis dahin in einer Heterobeziehung mehr oder minder gelitten oder ein schambehaftetes Doppelleben geführt hatten. Die in einer zermürbenden Tretmühle aus »höher, schneller, weiter« feststeckten, um in ihrem sozialen Umfeld etwas darzustellen. Oder die, wie Philippa, jahrelang in einer für sie nicht glücklichen Beziehung ausharrten, um einem gesellschaftlichen Ideal zu entsprechen.

Dass man im alltäglichen Leben schwer glücklich werden kann, wenn man eher das tut, was von einem »erwartet« wird, als das, was man selbst gern möchte, liegt auf der Hand. Aber was, fragst du dich jetzt vielleicht, hat das denn mit der Liebe zu tun? Kann man nicht im »falschen Leben« feststecken, zum Beispiel einem Beruf nachgehen, den man eigentlich gar nicht mag, oder sich in der Öffentlichkeit immer brav geben, obwohl es in einem tatsächlich ganz anders aussieht, und *trotzdem* glücklich lieben? Meine Erfahrung ist: Man kann. Aber die Wahrscheinlichkeit, dass man echte Liebe findet, während man im übrigen Leben an seinen wirklichen Neigungen, Interessen, Gefühlen vorbeilebt, ist deutlich geringer, als wenn man all das nicht tut. Das hat einen ganz einfachen Grund:

Echte Liebe, wahres Lebensglück und das Befolgen des eigenen Lebenswegs sind drei Resultate ein und desselben Zustands eines Menschen: Sie entstehen auf der Basis von innerer Verbundenheit und innerer Wahrhaftigkeit. Anders gesagt: Wenn ich mit mir selbst gut in Kontakt bin, meine eigenen Emotionen also spüre, mich selbst ernst nehme, ehrlich zu mir bin und all das, was an Signalen aus meinem Herz oder Bauch an meinen Kopf gesendet wird, nicht zensiere, wegschiebe und ignoriere, kann ich besonders deutlich fühlen, was mir *wirklich* guttut. Ich bin dann *bei mir,* wie wir umgangssprachlich sagen würden. In der Konsequenz fällt es mir besonders leicht festzustellen, welche Entscheidungen ich treffen muss, um glücklich zu sein, was mir im Leben Freude macht und welche Menschen gesund für mich sind. Außerdem habe ich nur so überhaupt den tiefen Zugang zu meinen wahren eigenen Gefühlen, die für das Erleben einer echten Liebe Voraussetzung sind. Wer einmal an diesen Punkt der inneren Verbundenheit und inneren Wahrhaftigkeit gekommen ist, der wird, so erlebe ich es meist, sie früher oder später zum Maßstab für sein ganzes Leben machen. Deswegen ist es eher unwahrscheinlich, einem Menschen zu begegnen, der wirklich glücklich liebt und gleichzeitig einen Lebensweg beschreitet, der ihn nicht glücklich macht.

Ich weiß nicht, zu welcher meiner vier eben erwähnten Kategorien von Menschen du, während du das hier gerade liest, gehörst. Kannst du mit der Bedeutung eines »eigenen Wegs« überhaupt etwas anfangen? Hast du vielleicht eine seltsame Sehnsucht in dir, Dinge zu verändern, fühlst dich gleichzeitig aber irgendwie wie abgeschnitten von dir selbst und weißt daher nicht, wohin es für dich gehen könnte? Oder hast du möglicherweise, wie Philippa, tief in dir drin schon eine ziemlich genaue Vorstellung davon, wie du *eigentlich* gern leben und lieben würdest, traust dich bisher aus verschiedenen Gründen aber nicht, es auch zu tun? Vielleicht gehörst du sogar zu jenen, die von sich sagen können, ihrem eigenen Weg bereits zu folgen!

In den ersten drei Fällen möchte ich dich gern inspirieren: Fang an zu suchen. Beschäftige dich mit dir selbst. Sei mutig! Frage dich, wer du wirklich bist, wovon du träumst, was dich glücklich macht, wie du leben und lieben möchtest! Und dann tu es! Häufig begegnen mir Menschen, denen die Suche nach ihrem eigenen Weg sehr schwerfällt, weil sie ihr Leben lang gelernt haben, ihre eigenen Gefühle und Bedürfnisse zu ignorieren, sich anzupassen und nicht selten sogar eine regelrechte Rolle zu spielen. Dann kann professionelle Hilfe – zum Beispiel die Arbeit mit dem »Inneren Kind«, von der du sicher schon gehört hast – sehr hilfreich sein. Denn bevor es von seiner Umwelt »erzogen« und geprägt wird, weiß jedes Kind intuitiv, was es braucht, um glücklich zu sein, was ihm Spaß macht, was es interessiert und vor allem: wie sich echte Liebe anfühlen soll.

Nachtrag: Besonders im Zusammenhang mit Philippas Geschichte möchte ich noch einmal ausdrücklich darauf hinweisen, dass ich zum Schutz meiner Klientinnen und Klienten nicht nur deren Namen, sondern auch signifikante Rahmendetails (zum Beispiel Alter, Geschlecht, Nationalität, Wohnort) so verändert habe, dass ein Wiedererkennen unmöglich ist.

PS für dein Herz:

Niemand weiß besser als du selbst, was gut für dich ist. Vertrau in dich. Nimm dich ernst. Sei mutig. Mach dir wenige Gedanken darüber, wie andere dich finden und viele Gedanken darüber, wie du selbst dich findest. Probiere vieles aus. Hör auf deine innere Stimme. Hör auf dein Bauchgefühl. Verfolge deine Ziele, auch wenn es manchmal anstrengend ist – sie führen zu dir selbst. Denke nicht in Konventionen, denke in Optionen.

4.

»Denkst du nicht, dass Konflikte die Liebe auch wachsen lassen können?«

Liebst du im Team?

Claas begegnete mir das erste Mal an einem Samstagabend bei Freunden, im Advent. Die Gastgeber – ein Pärchen, das ich schon seit Schulzeiten kenne – veranstalten zu dieser Zeit traditionell ein großes vorweihnachtliches Essen, zu dem in wechselnder Besetzung immer auffällig viele nette Menschen zusammenkommen. Ich liebe diese Veranstaltung! Die Stimmung ist fröhlich und entspannt, das Essen köstlich, alles wundervoll festlich dekoriert und es werden vor allem jede Menge gute Gespräche geführt. Ich habe dort bisher wirklich jedes Mal mindestens eine Person kennengelernt, mit der ich mich im Anschluss richtig angefreundet habe.

Mein Mann Philipp und ich waren schon seit einer Weile da und saßen mit ein paar anderen Gästen plaudernd und lachend bei einem Aperitif vor dem knisternden Kamin, als es an der Tür klingelte. Aus dem Augenwinkel nahm ich kurze Zeit später wahr, wie zwei Personen, ein Mann und eine Frau, die Dachgeschosswohnung betraten. Ich freute mich über die neuen Gesichter, hätte aber vermutlich erst einmal gar nicht weiter Notiz von ihnen genommen, zumal in unserer kleinen Kaminrunde nun jemand ansetzte, eine lustige Geschichte über seinen Dackel zu erzählen. Hunde sind ein Thema, mit dem man meine Aufmerksamkeit quasi immer kriegt. Doch aus Richtung der Tür kam ein Satzfetzen bei mir an, der mich hellhörig werden ließ: »... gehst mir heute schon wieder so was von auf die Nerven, das kann ich dir gar nicht sagen!« Es war die zischende Stimme der Frau. Erstaunt wendete ich meinen Kopf in Richtung der beiden – solche Töne kenne ich natürlich aus meiner Arbeit, aber hier, in diesem harmonischen Umfeld, kam das ganz unerwartet. Sie, eine sicher 1,85 Meter große, schlanke Gestalt um die vierzig mit einer flauschigen Bommelmütze auf dem langen dunklen Haar, war gerade dabei, umständlich ihren Mantel auszuziehen und blitzte ihren Begleiter dabei aus schmalen Augen an. Er, ein noch größerer, drahtiger Mann mit Vollbart, war seinen Daunenparka bereits losgeworden und stand ihr mit verschränkten Armen gegenüber. »Frag mich mal, Du gehst mir schon die ganze Woche auf den Geist!«, schoss er zurück und lehnte sich dabei ein wenig vornüber, wohl, um seinen Worten Nachdruck zu verleihen. Autsch. Reflexartig sah ich mich um, ob sonst noch jemand im Raum den Wortwechsel der beiden mitbekommen hatte. Aber alle waren sehr vertieft in ihre Unterhaltungen, während aus den Lautsprechern Dean Martin »Baby, it's cold outside« klang. Vermutlich hatte wirklich niemand außer mir etwas gehört. Anstatt weiter auf ihr Gegenüber einzugehen, griff die Frau nun zu ihrer Tasche, die am Boden stand, holte ein Geschenk heraus und sagte, während sie den Mann mit einem Arm ruppig beiseiteschob: »Geh mal da weg, ich suche jetzt Sandra und sage Hallo.« – »Mach doch, was du willst!«, konterte er scharf, erwischte mit seinen Worten aber eigentlich nur noch ihren Rücken, denn sie war schon an ihm vorbei und auf dem Weg in Richtung Küche. Er rollte mit den Augen. Dann gesellte er sich mit einem freundlichen Lächeln, das nicht einmal aufgesetzt wirkte, zu einer Gruppe von anderen Gästen, von denen er scheinbar einige kannte.

Es gibt so einen blöden Spruch, den du sicher schon mal gehört hast: »Streit kommt auch in den besten Beziehungen (wahlweise: Familien) vor.« Blöd nenne ich ihn deshalb, weil Streit in den besten Beziehungen natürlich nicht einfach nur »vorkommt«. Sondern weil es eher so ist, dass gerade das gute Streiten, der konstruktive, respektvolle

Umgang mit Konflikten, eine dauerhaft funktionierende Beziehung häufig von den vielen anderen, die scheitern oder schwierig sind, unterscheidet – das belegt die Forschung eindeutig. Ich finde das wenig erstaunlich. Denn logisch: Themen, die eine Auseinandersetzung notwendig machen, wird es früher oder später in wirklich *jeder* Partnerschaft geben. Und ich sage es mal ganz geradeheraus: Wenn ein Paar auf die Art und Weise miteinander redet, wie ich es an jenem Abend beobachtete, und das auch noch in der Öffentlichkeit, dann gehen bei mir schon einige Alarmglocken an. Denn bis es so weit kommt, dass selbst bei einem so freudigen Anlass die Fetzen fliegen und einem dann auch noch total egal ist, dass zig andere zuhören können, muss schon einiges an Frustration, aufgestauter Wut, Ohnmacht oder zumindest Streitroutine im negativen Sinne vorhanden sein.

Die Tafel, an der wir an diesem Abend gemeinsam aßen, war riesengroß. Sie reichte durch eine Flügeltür zwischen zwei Räumen eines typischen Berliner Altbaus hindurch, um den knapp 30 Gästen Platz zu bieten. Eine Sitzordnung gab es nicht und im Nachhinein denke ich, dass es wirklich ein großer Zufall war, dass Claas und seine Freundin Paula – damals für mich gedanklich noch das namenlose, »streitende Paar« – ausgerechnet schräg gegenüber von meinem Mann und mir Platz nahmen. Es ist wohl eine Art Berufskrankheit, dass ich die Interaktionen von Paaren meist recht bewusst wahrnehme. Ich schaue mir Mimik und Gestik an, höre die Art der Sprache und den Inhalt des Gesprochenen und mache mir, ohne dass ich das überhaupt verhindern könnte, automatisch ein Bild von der ungefähren Qualität einer Beziehung – was natürlich keinerlei Anspruch auf Richtigkeit erhebt! Aber in diesem konkreten Fall musste man wirklich keine Liebeskümmerin sein oder die Situation an der Tür mitgehört haben, um zu erkennen, dass es zwischen den beiden alles andere als rund lief. Kaum, dass wir Platz genommen hatten, schaute Claas Paula nämlich von der Seite an und sagte recht abfällig und so laut, dass wir alle es hören konnten: »Das ist ja klar, dass du dich mal wieder genau da hinsetzt, wo der meiste Wein steht.« Er zeigte auf eine Dekantierkaraffe in der Mitte des Tisches, die tatsächlich etwas größer zu sein schien als die übrigen auf der Tafel. Im Normalfall hätte man als Umsitzende über so eine Bemerkung vermutlich gelacht, weil man sie für eine liebevolle Frotzelei, einen Running Gag unter Partnern, gehalten hätte. Aber Claas' Tonfall machte scheinbar allen klar, dass das hier kein Spaß war, denn überall gab es nur erstaunte und betretene Blicke. Ohne lang zu überlegen, spielte Paula auch schon den Ball zurück: »Klar, anders könnte ich dich ja gar nicht ertragen.« Peng! Die beiden waren ein eingespieltes Team. Paula drehte Claas den Rücken zu, so gut es im Sitzen eben ging, und begann ein Gespräch mit der jungen Frau neben ihr. Bei uns anderen herrschte noch für einen Augenblick peinlich berührtes Schweigen. »Tja, hallo, ich bin Claas«, unterbrach Class dann die Stille, zuckte mit den Schultern und nickte in die Runde. »Und wer seid ihr so?«

Wir stellten uns alle gegenseitig vor und ich merkte, dass Claas etwas intensiver aufhorchte, als ich irgendwann an der Reihe war und erzählte, was ich beruflich mache. Er ging zu diesem Zeitpunkt jedoch nicht weiter darauf ein. Oberflächlich betrachtet verlief der weitere Abend dann gewohnt fröhlich und normal: Es wurde viel gelacht, zugehört, gestaunt, diskutiert, kommentiert und kreuz und quer über den Tisch redete jeder mit jedem – fast. Denn unter der Oberfläche schwang permanent mit, dass zwei in unserer Runde offenbar kein weiteres Wort miteinander zu wechseln gedachten. Claas und auch Paula lächelten zwar und waren sehr zugewandt, wann immer jemand von uns anderen mit ihnen sprach. Sobald jedoch einer von beiden gezwungen war, seinem Partner auch nur zuzuhören, verfinsterte sich seine Miene. Die Anwesenheit der beiden, das muss ich leider so sagen, kam mir deshalb wie ein Dämpfer für die ganze Gesellschaft vor und ich bin mir recht sicher, dass nicht nur ich es war, die dieses Unbehagen spürte. Zumal Sandra, die Gastgeberin, mich beim Abschied noch einmal kurz beiseitenahm und mich fragte, ob es »okay« gewesen sei, mit Paula und Claas zusammenzusitzen. Sie wisse, sagte sie, das sei manchmal nicht so leicht. Erst vor Kurzem hätten die beiden mit einem heftigen Streit ein Essen in kleinerer Runde regelrecht gesprengt, bis Paula irgendwann mit wehenden Fahnen das Restaurant verlassen habe. Beide für sich betrachtet seien sie sehr nett, nur zusammen sei es halt schwierig …

Es war Mitte Januar, als meine Assistentin Lea mir eine E-Mail schrieb, um mit mir einen Termin mit einem Klienten namens Claas für ein Erstgespräch abzustimmen, das per Videocall stattfinden sollte. Auf die Idee, dass es der Claas von der Weihnachtsfeier sein könnte, kam ich überhaupt nicht. Entsprechend überrascht war ich, als Claas' Gesicht zwei Wochen später auf meinem Computerbildschirm erschien. »Ach, was! Mit dir habe ich jetzt gar nicht gerechnet. Hallo! Claas – richtig?«, begrüßte ich ihn. Er legte die Stirn amüsiert in Falten, zog die Schultern hoch und hob die Hände: Es war eine »Ich weiß auch nicht, wie das jetzt passieren konnte«-Geste. »Kein Wunder, mit mir habe ich hier selbst nicht gerechnet!« Wir mussten beide kurz lachen. »Haha, alles klar. Wie geht es dir denn? Es gibt ja sicher einen guten oder eben nicht so guten Grund, dass du hier bist. Erzähl mal, was führt dich zu mir?«, fragte ich dann und vermutete insgeheim, dass Paula und er sich getrennt hatten. Claas' Miene wurde nun ernster, er strich sich mit einer Hand wiederholt durch den dichten Vollbart. »Puh, also«, setzte er an, »stimmt natürlich nicht, was ich gerade gesagt habe. Ehrlich gesagt habe ich schon, seit wir uns bei dem Essen begegnet sind, darüber nachgedacht, mich mal auf diesem Weg bei dir zu melden. Ich hab zwar noch keinen richtigen Liebeskummer, aber ich glaube, ich will mich von Paula trennen. Ist ja schwer zu verbergen, dass das vermutlich das Beste für uns beide wäre. Hast du dir als Profi in diesen Dingen bestimmt eh schon gedacht …« Er seufzte und auch ich musste beim Gedanken an den gemeinsamen

Abend unwillkürlich schwer ausatmen. Claas nahm das sofort auf. »Siehst du«, fuhr er fort, »ich weiß, wir beide sind zusammen für unsere Umwelt kaum mehr zu ertragen. Und das Schlimmste ist: Wenn wir allein sind, sieht es noch viel schlechter aus. Hier fliegen oft so richtig die Fetzen. Also, so richtig. Teller, Gläser, Zahnbürsten, einer von uns beiden findet immer irgendwas zum Werfen. Paula kann mich zur Weißglut bringen und ich sie wohl auch.« Es sprudelte regelrecht aus ihm heraus. »So hab ich mich vorher noch nie erlebt. Es ist, als würden wir das Schlechteste, was im anderen drin ist, gegenseitig aus uns herausholen.« Ich nickte. Denn ja, so in die Richtung hatte ich es mir zwischen den beiden leider schon vorgestellt. »Wie lang seid ihr denn eigentlich schon zusammen und warum denkst du, habt ihr euch nicht längst getrennt?« Claas schüttelte den Kopf. »Ich weiß, das klingt vollkommen verrückt, aber ich liebe Paula trotz allem noch irgendwie und bin mir ziemlich sicher, dass sie mich auch liebt. Wir kriegen es nur einfach nicht hin. Manchmal rege ich mich so über sie auf, da könnte ich sie gegen die Wand klatschen.« Seine Stimme wurde lauter, während er den letzten Satz aussprach, und er ballte eine Hand zur Faust. »Bitte nicht falsch verstehen, ich bin ihr gegenüber noch nie handgreiflich geworden, würde ich auch nie! Aber so fühlt es sich einfach an. Ich könnte aus der Haut fahren vor Ohnmacht. Oder Wut, ich weiß nicht.« Sogar durch den Bildschirm konnte ich Claas' große Anspannung spüren. Auf den ersten Teil meiner Frage zu antworten, hatte er ganz vergessen. »Und wie lang seid ihr schon zusammen?«, wiederholte ich. »Ach ja, entschuldige. Fünf Jahre.« Claas rieb sich mit den Händen durchs Gesicht, als könnte er diese Zahl selbst nicht glauben. »Das war ja sicher auch nicht von Anfang an so zwischen euch?«, vermutete ich. »Nein, nein«, antwortete er. »So schlimm natürlich nicht, dann wären wir ja gar nicht zusammengekommen. Aber wenn ich ehrlich zu mir bin, ging es doch schon ziemlich früh los mit kleineren Sticheleien und so. Das hat sich dann immer mehr hochgeschaukelt irgendwie. Früher hatten wir einfach auch noch längere Phasen, in denen alles harmonisch war, die sind nach und nach immer kürzer geworden. Jetzt sind es eigentlich nur noch Momente.« – »Das tut mir superleid«, war das Erste, was ich Claas nach dieser Erzählung aus vollstem Herzen sagen musste. Ich kenne aus dem beruflichen Kontext, aber auch aus meinem privaten Umfeld einige Paare, die sich über einen erschreckend langen Zeitraum auf die von Claas beschriebene Art und Weise regelrecht aneinander »abarbeiten«, und finde das immer ganz fürchterlich. Meiner tiefen Überzeugung nach sollten Partnerschaften uns im Leben in erster Linie bereichern und stärken und nicht beschweren und belasten. Denn mal provokativ und stark vereinfacht gefragt: Warum sollte man so überhaupt eine Beziehung führen? Welchen Mehrwert bietet dieses Miteinander, wenn man zu Hause – an dem Ort, an dem man sich maximal wohl und sicher fühlen möchte – im Grunde mehr Stress hat als im restlichen Leben? Wenn man sich mit wildfremden Menschen bei einem Essen besser versteht und eine harmonischere Zeit hat als mit dem eigenen Partner? Oder – auch ein Klassiker – wenn man spürt, was für eine große Last von einem abfällt, sobald man mal ein paar Tage ohne den anderen ist? Eigentlich keinen großen, oder? Natürlich, man muss nicht allein sein. Kann gegebenenfalls für gemeinsame Kinder Eltern bleiben und fühlt sich wirtschaftlich vielleicht sicherer. Aber ist der Preis, den man dafür zahlt, nicht sehr hoch? Zu hoch? Um sich diese Frage nicht beantworten zu müssen, akzeptieren viele Menschen die Abwärtsspirale, in der ihr Miteinander steckt, irgendwann einfach als einen üblichen Teil von Partnerschaft. »So ist das halt«, »Das gehört zu einer langen Beziehung dazu«, »Bei meinen Eltern war das genauso«, »Das geht doch allen so.« Wer gedanklich erst einmal an diesem Punkt angekommen ist, verharrt im Stillstand. Hält aus, nimmt hin. Anstatt die Energie aufzubringen, eine Veränderung herbeizuführen, die eben – und hinter diesem Satz würde ich am liebsten zehn Ausrufezeichen machen – nicht immer »Trennung« heißen muss! Im Gegenteil! Aber das wissen oder glauben leider die wenigsten.

»Ihr liebt euch also und dennoch bist du zu dem Entschluss gekommen, dass du dich trennen möchtest«, resümierte ich Claas' Bericht. »Wobei du vorhin sagtest, du *glaubst*, dass du dich trennen möchtest. Gibt es da noch Zweifel?« Claas sah mich lang an und schien über seine eigene Formulierung nachzudenken. »Ich sehe einfach keine andere Lösung mehr. Ich bin wirklich kein Unschuldslamm, ich weiß das, Elena. Ich provoziere Paula und in mindestens 50 % der Fälle bin ich der Auslöser, wenn wir Streit haben.

Das gebe ich zu. Aber seit zwei Jahren bin auch ich es, der auf sie einredet. Wollen wir eine Paartherapie machen? Denkst du nicht, dass Konflikte die Liebe auch wachsen lassen können? Ich bin fest davon überzeugt, dass wir das alles viel besser machen könnten.« Er schluckte, ehe er weitersprach. »Kommt für sie aber nicht infrage, sagt sie.« »Warum nicht?« – »Sie sagt, das bringt nichts. Und außerdem wäre ich ja an allem alleine schuld. Sie findet, sie hat bei der Paartherapie nichts zu suchen.« Wie oft ich diese drei Sätze schon gehört habe. Oft genug, um zu wissen, dass durch sie die Chance, dass es für Claas und Paula vielleicht doch noch einen positiven, gemeinsamen Ausweg geben könnte, auf einen Schlag deutlich sank.

Eine Partnerschaft ist für mich wie ein Boot, in dem zwei Menschen zusammensitzen. Naturgemäß kommt dieses Boot immer mal wieder in eine raue, eine stürmische See, weil so einfach der Lauf der Dinge ist. Es wankt und schwankt dann, es ächzt und krächzt. Das ist nicht schön, es kann einem Angst machen und ungewohnt sein. Aber solange beide Menschen am Ruder bleiben, beide ihre Kraft geben, ist es eigentlich gar keine so große Gefahr: Das Boot bleibt in der Balance. Und mehr noch! Irgendwann klart der Himmel wieder auf und man sieht: Man hat es nicht nur geschafft, sondern ist dabei sogar stärker geworden als Team! Ein wundervoller Moment. Anders sieht es allerdings aus, wenn einer von beiden oder sogar beide ihre Paddel wegwerfen, während der Sturm tost. Denn einer allein kann sich abmühen, so sehr er will. Er wird es nicht schaffen, dieses Boot vor dem Kentern zu bewahren. In beiden Fällen ist der Untergang der Beziehung daher vorprogrammiert. »Eine Partnerschaft ist ein Boot, das man nur gemeinsam schaukeln kann«, sage ich oft verkürzt zu meinen Klienten. »Ihr müsst verstehen, dass ihr ein Team seid, keine Gegner. Das hier ist ein Miteinander, kein Kampf. Es geht nicht darum, wer recht hat oder woran auch immer schuld ist. Die einzige Frage, die wirklich im Raum steht, ist, ob ihr dieses Boot weiter *zusammen* fahren wollt. Und dann können wir schauen, woher ihr das Handwerkszeug dafür bekommt, aber das ist das geringste Problem!«

»Ich will ganz ehrlich zu dir sein«, sagte ich zu Claas. »Paartherapie wäre natürlich genau das gewesen, was ich dir jetzt vorgeschlagen hätte. Weil ich weiß, wie unerträglich dieser Zustand ist und wie viel Paartherapie bewirken kann, vor allem, wenn eigentlich noch Gefühle im Raum sind. Aber wenn einer von beiden so eine Einstellung hat, wie du sie bei Paula schilderst, wird es leider sehr schwierig. Allein kannst du eure Beziehung nicht retten, Claas. Niemand kann das, dazu gehören immer zwei.« Sein Blick, der bisher auf mir geruht hatte, wanderte nun Richtung Boden. Claas wirkte deprimiert. »Ihr müsstet beide sehr hart an euren Kommunikationsmustern und vermutlich auch jeder für sich an eigenen Themen arbeiten, damit es zwischen euch wirklich besser wird. Wenn aber gar keine Bereitschaft besteht, sich solche Dinge anzugucken und zu verändern, wird es wahrscheinlich immer schlimmer.

Bist du denn ganz sicher, dass Paula das so sieht?« Anstatt zu antworten, schaute Claas mich nur an. Er weinte jetzt. Nicht laut, nicht schluchzend, tonlos. Die Tränen liefen ihm einfach über die Wangen, während er nickte.

Ich wünschte, ich könnte jetzt dennoch von einem Happy End erzählen und davon, dass Claas und Paula doch noch einen Weg gefunden hätten, eine glücklichere Beziehung zu führen. Dass Paula, aufgerüttelt durch den Trennungswunsch, den Claas einige Zeit später ihr gegenüber wirklich äußerte, plötzlich bereit gewesen wäre, sich auf einen gemeinsamen Entwicklungsprozess – sei es mit oder ohne professionelle Anleitung – einzulassen, so wie ich es bei anderen Paaren durchaus schon erlebt habe. Aber tatsächlich hatte Claas Paulas Einstellung diesem ganzen Thema gegenüber vollkommen richtig eingeschätzt. »Soll ich mir jetzt auch noch erklären lassen, wie die Liebe funktioniert, oder was?«, zitierte er sie, als er einige Zeit später wieder vor mir am Computer saß. »Das ist doch alles Quatsch, Claas, Geldmacherei. Ich wüsste auch gar nicht, was ich verändern sollte.« Paula ließ ihr Ruder los. Das Boot kenterte nur kurze Zeit später. Claas kam noch eine Weile zu mir, um die Trennung zu verarbeiten. Paula emotional loszulassen, fiel ihm trotz aller Entschlossenheit schwer. Ein paarmal unternahm er sogar noch Versuche, erneut mit ihr in Kontakt zu treten, doch jedes Mal gab es sofort wieder Streit. Was einerseits traurig, andererseits auch heilsam war.

Als ich ihm im übernächsten Dezember das erste Mal wieder live bei meinen Freunden begegnete, lag unser letztes Gespräch sicher schon achtzehn Monate zurück – und Claas hatte nun eine neue Frau an seiner Seite. Nach dem, was ich auf den ersten Blick sehen konnte, wirkten die beiden miteinander sehr harmonisch und entspannt. Als ich vor dem Essen allein im Flur war, um an der Garderobe etwas aus meinem Mantel zu holen, kam Claas zu mir und nahm mich vollkommen unvermittelt einfach in den Arm. »Ich wollte mich noch mal bedanken, dass du mir im letzten Winter so geholfen hast«, sagte er. »Ich hoffe, das ist o.k.« Er drückte mich und ich lachte etwas überrumpelt, aber total erfreut. »Huch, natürlich! Wie geht es dir denn?« Claas ließ mich los, trat einen Schritt zurück und strahlte. »Gut«, erwiderte er. »Richtig gut. Ist ja klar, ich bin frisch verliebt.« Er deutete mit dem Kopf zu seiner neuen Freundin, die am Kamin saß. »Aber weißt du, was das Beste ist?« Er schien ein großes Geheimnis anzudeuten und ich war gespannt. »Du wirst mich jetzt für total durchgeknallt halten. Aber wir gehen zur Paartherapie, von Anfang an, seit drei Monaten schon. Präventiv quasi. Ich möchte einfach nicht, dass mir so was wie mit Paula noch mal passiert. Wir hatten erst fünf Sitzungen, aber ich merke schon jetzt, wie sich alte Denkmuster und Verhaltensweisen bei mir ändern, das ist total krass.« Ich musste grinsen. »Überhaupt nicht durchgeknallt«, fand ich und schüttelte mit Nachdruck den Kopf. »Das ist richtig toll! Sollten viel mehr Paare so machen.« – »Ja, genau! Das denke ich auch. Deswegen erzähle ich auch immer allen davon.« Claas lächelte und machte eine Geste in Richtung der Gesellschaft, die zu sicher 80 % aus Paaren bestand. »Wer weiß, vielleicht spricht es sich irgendwann rum. Und sonst«, er zeigte mit dem Finger auf mich, »kannst du ja irgendwann mal in einem Buch darüber schreiben! Präventive Paartherapie!« »Gute Idee, darüber habe ich tatsächlich auch schon mal nachgedacht«, antwortete ich, während wir uns auf den Weg zurück zu den anderen Gästen machten.

Auch auf die Gefahr hin, dass ich mit diesem Satz dazu beitragen könnte, mich selbst arbeitslos zu machen: Ich bin fest davon überzeugt, dass es wesentlich weniger Liebes- und Lebenskummer auf dieser Welt gäbe, wenn nur mehr Paare dazu bereit wären, ihre Konflikte als Chance, anstatt als Problem zu begreifen. Wie viele Trennungen verhindert werden, wie viele individuelle, psychische Themen bei den Beteiligten aufgearbeitet und wie viel mehr Liebe und Glück in der Konsequenz gelebt werden könnten!

Wenn es in einer Partnerschaft zu den ersten ernsthaften Spannungen kommt – bei den einen passiert das früher, bei den anderen später, aber passieren tut es immer –, gibt es grob gesprochen zwei Möglichkeiten: Die erste ist, dass die beiden Partner jeweils die Schuld beim anderen suchen, auf ihrer eigenen Position beharren und ihr Gegenüber unbedingt verändern wollen, was natürlich nie wirklich klappt. Nach und nach wird so auf beiden Seiten eine ganze Menge an negativen Gefühlen gesammelt. Frustration, Enttäuschung, Wut, Ohnmacht. Wie einzelne Steine einer Mauer türmen sie sich zwischen den Beteiligten auf, was unweigerlich zu emotionaler Distanz führen muss. Denn immer seltener können die Partner durch diese Mauer wirklich zueinander durchdringen, um das zu erleben, weshalb sie eigentlich einmal zusammengekommen sind: Liebe, Nähe, Geborgenheit. Irgendwann kommt es ihnen vielleicht sogar so vor, als würde die Liebe zwischen ihnen gar nicht mehr existieren, weil sie nicht erkennen, dass der Blick auf sie nur versperrt ist. Bei manchen Paaren ist das Resultat eine Trennung, andere halten diesen traurigen Zustand jahre- oder gar jahrzehntelang aus. Manche gehen fremd und suchen sich im Außen die noch unbelastete und von Alltagssorgen freie Affäre, die sie zu Hause nicht mehr haben. Zum Glück entscheiden einige aber auch, dass sie an ihrem Zustand etwas verändern wollen, tragen Verantwortung für sich und ihre Liebe und machen sich gemeinsam auf die Suche danach, wie man es besser machen könnte.

Dann stoßen sie hoffentlich auf die zweite Möglichkeit, wie man als Paar mit Konflikten umgehen kann: Indem man zum Beispiel lernt, respektvoll miteinander zu kommunizieren, selbst wenn es einmal heiß hergeht. »Gut« zu streiten, das heißt ohne Verachtung, Abwertung des anderen, andauernde Rechtfertigungen, ohne verallgemeinernde Kritik und ohne sich einem Dialog einfach zu entziehen. Man lernt dabei, wirklich offen zueinander zu sein, seine Emotionen auszudrücken. Eigene seelische Themen von Paarthemen zu differenzieren und sie weniger auf den Partner zu projizieren. Und vor allem lernt man, dass glückliche Beziehungen etwas sind, das immer von zwei Menschen zu gleichen Teilen und aktiv gestaltet werden muss. Wenn man so an eine Partnerschaft herangeht, hat man nicht nur die Chance, als Paar zu wachsen und sich emotional nahezukommen – näher, als man es vorher war. Die konstruktive Auseinandersetzung mit dem Partner führt in den allermeisten Fällen auch dazu, dass man persönlich, also als Individuum, reifen und auch regelrecht heilen kann. Denn wer sonst hält uns so gut den Spiegel vor, lässt uns unsere eigenen Muster so deutlich erkennen wie der Mensch, mit dem wir unser tägliches Leben teilen? Im Partner reflektieren wir unsere negativen wie positiven Glaubenssätze, unseren als Kleinkinder gelernten und nicht immer gesunden Bindungsstil und viele gute wie schlechte Erfahrungen, die wir bereits gemacht haben. Wir müssen nur hinschauen, statt wegzusehen. Dann können wir all das nutzen – als Ich und als Wir.

PS für dein Herz:

Deine Beziehung soll dich groß machen, nicht klein.
Beziehungen sollen Kraft spenden, nicht rauben. Syle

Beziehungen sind ein Miteinander, kein Kampf.
An Beziehungen kannst du wachsen, als Paar und
allein. Paartherapie hilft. Konflikte sind eine Chance,
wenn man sie zusammen (!) als solche begreift.
(!) (!) (!) Lass los, wenn ihr kein Team seid.
Allein kannst du deine Beziehung nicht retten.

5.

»Kann ein Herz aus Pattex sein?«

Lebst du auch das Loslassen?

Es ist kein Geheimnis, dass man als Betreiber einer Website heute viel mehr über seine Besucher weiß, als manchem Nutzer beim Surfen vielleicht bewusst ist. Wenn ich mir die Analysedaten der Liebeskümmerer-Seite anschaue, kann ich beispielsweise genau sehen, von wo die Menschen auf unser Angebot zugreifen (kommen sie eher aus Städten oder aus ländlichen Gebieten?), über welches Endgerät (Handy? Desktop? Welches Betriebssystem?), welche Themen sie besonders interessieren (Trennung? Paar-Beratung? Affären?), wie lang sie auf der Seite bleiben, an welchem Punkt sie sie verlassen und noch so viele Details mehr. Diese Informationen sind in erster Linie spannend, wenn man sie für Marketingaktivitäten nutzen möchte oder um den eigenen Onlineshop in puncto Verkaufszahlen zu optimieren. Beides ist nicht so mein Ding. Die Liebeskümmerer sind für mich schon seit ihrer Gründung in allererster Linie ein Herzensprojekt, mit dem ich Menschen helfen möchte, und nur zweitrangig ein wirtschaftlich orientiertes Unternehmen. Dennoch schaue ich mir diese Analysen ab und zu an, weil sie mir verraten, wo und wofür unsere Hilfe besonders gebraucht wird. Ich stelle unser Team dann entsprechend auf. Während der von so vielen Kontaktbeschränkungen geprägten Coronazeit wurden zum Beispiel alle Inhalte zu Einsamkeit und unfreiwilligem Single-Sein, die auf unserer Seite zu finden sind, deutlich mehr als sonst gelesen – und das gerade in den größeren Städten. Kurz nach den Sommerferien und im Frühjahr gibt es wiederkehrend einen Höhepunkt bei allen Trennungsthemen – diese beiden Phasen im Jahr sind auch rein statistisch betrachtet die anfälligsten für Scheidungen, wenn man Anwälte und Gerichte befragt. In den langen Sommerferien und während der Weihnachtsfeiertage kracht es bei vielen, vielen Paaren.

Ein Thema, das laut meinen Webdaten zu jeder Zeit im Jahr von überdurchschnittlich vielen Menschen auf unserer Seite nachgefragt wird, ist das, was wir in unserem Menü »Schon lang Liebeskummer« nennen. Gemeint sind damit Menschen, die – meist nach einer Trennung – schon länger als ein Jahr an Herzschmerz leiden und denen es auch nach diesen zwölf Monaten weiterhin sehr schwerfällt, einen Weg zurück in ein kummerfreies Leben zu finden. Etwas Ähnliches können wir erkennen, wann immer wir auf unseren Social-Media-Kanälen etwas zum Nicht-loslassen-Können posten: Das Feedback hierzu ist in Relation zu Beiträgen über andere »Formen« des Liebeskummers immens. Die Schlussfolgerung aus diesen Beobachtungen liegt auf der Hand: Es gibt eine Vielzahl an Menschen, bei denen ein Liebeskummer deutlich länger dauert, als wir es vielleicht annehmen würden. Denn geistert den meisten von uns nicht so etwas wie »Nach drei Monaten ist alles wieder gut?« durch den Kopf? Diese Regel ist vollkommener Quatsch. Drei Monate, sechs Monate, neun Monate, zwölf Monate, kürzer, länger – alles ist möglich. Und: Die Dunkelziffer jener, die den Kummer mit der Liebe heimlich und leider nicht selten voll von Schamgefühlen über mehrere Jahre mit sich schleppen und bei denen er massiven Einfluss auf die ganze Lebensqualität hat, ist groß. Davon und wie es dennoch gelingen kann, loszulassen und wieder glücklich zu sein, möchte ich dir hier am Beispiel von Thomas erzählen.

Thomas war einer jener Klienten, die die Dienstleistungen der Liebeskümmerer aus dem Ausland wahrnehmen. Er hatte die ersten 40 Jahre seines Lebens in München verbracht, war vor etwa einem Jahrzehnt aber mit seiner Familie nach Lissabon ausgewandert, wo er eine Stelle als Geschäftsführer für ein deutsches Unternehmen angenommen hatte. Er und seine Frau, die er schon seit dem Studium kannte, waren Eltern von zwei Kindern, die bei der Ankunft in Lissabon vier und sechs Jahre alt waren. Thomas' Frau war in München Innenarchitektin gewesen und nachdem die Söhne der beiden sich gut in der neuen Heimat eingewöhnt hatten, eröffnete sie in einem der schönsten Viertel der portugiesischen Hauptstadt ein Büro, wo sie aber nur halbtags arbeitete, um den Rest der Zeit für ihre beiden Jungen da zu sein. Es war ein recht klassisches Familienmodell, das die vier von außen betrachtet lebten, obwohl Thomas und seine Frau, die ich nie kennengelernt, von der ich aber im Rahmen unserer Gespräche viel gehört habe, eigentlich alles andere als konservativ oder »spießig« waren. Bevor sie Eltern wurden, hatten die beiden beispielsweise sechs Monate als Backpacker in Südostasien verbracht und über diese Reise später zusammen ein erfolgreiches Kinderbuch geschrieben. Sie fuhren auf Musikfestivals, waren guten Drinks und einem gelegentlichen Joint nicht abgeneigt, engagierten sich für den Umweltschutz und hatten, obwohl sie die »Neuen« in Lissabon waren, schon nach kurzer Zeit regelmäßig ein Haus voller Gäste aus der Kunst- und Musikszene. Wenn Thomas von den ersten vier Jahren in Lissabon sprach, ertappte sogar ich mich manchmal dabei, dass ich »Hach, so schön« sagen wollte: die Sonne, das Meer, diese wunderschöne Stadt und eine glückliche Familie. Doch es sollte natürlich noch anders kommen.

Kurz vor dem Weihnachtsfest 2012 tastete Thomas eine Verhärtung in einem seiner Hoden. Da er seine Frau nicht unnötig beunruhigen wollte, besuchte er zunächst ohne ihr Wissen einen Urologen. Es wurde eine Biopsie veranlasst und nur wenige Tage später bestätigte sich leider der von Thomas befürchtete Befund: Hodenkrebs. Es sei eines der schlimmsten Gespräche seines Lebens gewesen, sagte Thomas mir, als er seiner Frau davon habe erzählen müssen. Er habe nach außen der Starke sein wollen, um sie in ihrem Schmerz und ihrer Angst aufzufangen, und dabei doch selbst die größte Panik gehabt. Was, wenn der Krebs nicht heilbar wäre oder bereits gestreut hätte? Wenn Thomas seine Frau mit den beiden Kindern allein auf der Welt zurücklassen musste?

Die für die Feiertage geplante Reise zu den Großeltern nach München wurde abgesagt. Stattdessen verbrachte Thomas den Großteil des Weihnachtsfests in einem Lissabonner Krankenhaus – allein. Ihm sei damals wahnsinnig wichtig gewesen, erklärte er mir, dass seine Kinder, sie waren nun acht und zehn Jahre alt, ihre Geschenke wie gewohnt zu Hause unter dem Weihnachtsbaum auspacken konnten. Auf eine Operation zur Entfernung seines Hodens folgte eine mehrwöchige Chemotherapie, die teils ambulant, teils stationär umgesetzt wurde. Auch während dieser Phase setzte sich Thomas' anfängliche Tendenz, sich und seine Krankheit räumlich und emotional von seiner Familie zu distanzieren, fort. Ohne sich dessen wirklich bewusst zu sein, hatte er sich mehr und mehr in sich selbst zurückgezogen – aus dem, wie er inzwischen fand, irrsinnigen Gedanken heraus, den dreien nicht zur Last zu fallen. Im Krankenhaus ließ er daher kaum Besuche zu, richtete sich zu Hause ein Lager in einem separaten Raum ein, versorgte sich, so gut es ging, allein und wollte vor allem nicht über seine Erkrankung reden. Seine Frau und auch die Kinder versuchten zwar, jeder auf seine Weise, immer wieder zu Thomas durchzudringen, aber er ließ es nicht zu. Gefühlt gab es für ihn jetzt *ihr* Leben, das schon allein der Kinder wegen so normal wie möglich weitergehen sollte, und *seines*, das sich nur noch zwischen Bett und Krankenhaus abzuspielen schien. Es war eine verdammt harte Zeit, Thomas musste zahlreiche unangenehme Nebenwirkungen der Behandlung über sich ergehen lassen. Doch Schritt für Schritt kämpfte er sich durch die Chemotherapie und es lohnte sich: Er siegte. Nach einigen Monaten kam die ersehnte Nachricht, der Krebs war überstanden! Thomas wollte überglücklich sein, mit seiner Familie aus ganzem Herzen lachen und feiern. Doch es gelang ihm einfach nicht. Denn während die Krebszellen verschwunden waren, hatte eine neue Krankheit heimlich Einzug in sein Leben gehalten: innere Isolation und Einsamkeit.

Als ich mit Thomas zu Beginn unserer fast sechs Monate andauernden gemeinsamen Arbeit über diese Phase seines Lebens sprach, hörte ich deutlich heraus, welche Vorwürfe er sich noch immer machte. Gedanken wie »Was wäre gewesen, wenn ich von Anfang an anders damit umgegangen wäre? Wenn ich mich in meiner Angst mehr gezeigt, ich mehr darüber geredet hätte? Wenn ich mir professionelle Hilfe genommen hätte?« schienen ihn regelrecht zu zermartern. Gerade weil er sich selbst vor seiner Erkrankung so ganz anders, als einen offenen, zugänglichen Menschen mit vielen ihm wirklich nahestehenden Kontakten, wahrgenommen hatte. Ich erklärte Thomas dann immer, dass seine Krankheit und die plötzlich ganz reale Angst vor dem eigenen Tod Ausnahmezustände gewesen waren. Eine traumatische Erfahrung, auf die viele Menschen vollkommen unberechenbar und genauso wie er reagiert hätten. Dass man natürlich viel darüber nachdenken konnte, ob eine psychologische Begleitung hätte verhindern können, was später geschah – aber dass er damals nach bestem Wissen gehandelt hatte. Zumal ich Thomas' ursprünglichen Impuls, gerade seine Kinder vor zu viel Konfrontation mit dem schwer erkrankten Vater schützen zu wollen, auch irgendwie verstehen konnte. Er hatte ihnen auf diese Weise sicher einige schlimme Kindheitserinnerungen erspart. Natürlich hätte man anders mit der ganzen Situation umgehen können, das stand außer Frage. Aber dies war nun einmal Thomas' Weg gewesen und es gab keinen Grund, sich selbst so fertig zu machen.

In den ersten Wochen und Monaten nach der Heilung versuchten Thomas und seine Frau trotz des Fremdelns, das nun auf eine seltsame Weise zwischen ihnen stand, ihr altes Lebensgefühl wiederzufinden. Sie luden Freunde ein, besuchten Konzerte und machten kurze Reisen mit ihren Kindern. Doch obwohl die Rahmenbedingungen irgendwann wieder fast die gleichen wie vor der Krankheit waren, fühlte sich alles anders an: Thomas war weiterhin geistig oft abwesend, beim Lachen fehlte das Strahlen in seinen Augen, er konnte Spontaneität nicht mehr leiden, Gesellschaft strengte ihn mitunter regelrecht an. Wie schon während der Erkrankung versuchte Thomas' Frau unzählige Male, mit ihm darüber zu sprechen, und auch ihre Traurigkeit darüber, dass kaum noch echte Nähe zwischen ihnen beiden entstand, in die passenden Worte zu fassen. Sie schlug ihm therapeutische Hilfe vor. Thomas blockte diese Gespräche auch jetzt jedes Mal ab. Heute, über fünf Jahre später, war ihm längst klar geworden, wie gut seine Frau es damals mit ihm gemeint hatte und wie wichtig es gewesen wäre, diesen Austausch zuzulassen. In den konkreten Augenblicken, erklärte er mir, sei es ihm jedoch so vorgekommen, als würde sie an ihm zerren und ziehen und einfach nicht respektieren wollen, dass er nicht anders konnte. Warum ließ sie ihn nicht einfach in Ruhe? Warum glaubte sie, mit ihm über Dinge reden zu müssen, die er nur noch vergessen wollte? Thomas fühlte sich immer öfter von ihr bedrängt und wurde schließlich sogar wütend.

Was dann folgte, brachte Thomas auch lange Zeit später noch dazu, beim Erzählen heftig den Kopf über sich selbst zu schütteln. Auf einer beruflichen Reise, etwa ein halbes Jahr nach seiner Genesung, hatte er im Hotel Sex mit einer Kollegin gehabt – es war der erste Seitensprung nicht nur seiner auf Monogamie und Ehrlichkeit aufgebauten Ehe, sondern seines ganzen Lebens gewesen. Zwischen ihm und seiner Frau war es seit der Erkrankung körperlich nicht mehr gut gelaufen, was wohl weniger an Thomas' physischem Zustand als vielmehr an der emotional angespannten Stimmung zwischen ihnen lag. Er und die Kollegin hatten in größerer Runde gegessen, danach an der Bar war Alkohol geflossen und schließlich eins zum anderen gekommen. Es sei ihm dabei, das betonte Thomas, explizit nicht um eine romantische Begegnung gegangen und auch sie habe nicht vorgehabt, sich zu verlieben oder gar eine Affäre zu beginnen. Seine Kollegin wollte keine Nähe von ihm, sie stellte ihm keine emotionalen Fragen. Und gerade das machte den Reiz aus, sich körperlich auf sie einzulassen. Auch sein angekratztes Männlichkeitsgefühl hatte sicher eine Rolle gespielt. Schließlich war er nun »der Typ, der nur noch einen Hoden hat«. Thomas hatte sich beweisen wollen, dass er zumindest auf dieser Ebene noch ganz der Alte geblieben war. Und es hatte sich sogar gut angefühlt. Für einen kurzen Moment. Denn schon am nächsten Morgen hatte er seiner Frau, noch vom Hotel aus, am Telefon alles gestanden – und sich dabei wie ein Versager gefühlt. Schließlich wusste er, was sein Handeln für ihre Beziehung und damit für seine ganze Familie vermutlich bedeuten würde. Das schmerzte ihn sehr und doch hatte es gleichzeitig auch eine kleine Stimme in ihm gegeben, die sagte: »Im Grunde bist du doch eh schon allein. Wenn sie sich trennt, hast du wenigstens deine Ruhe.« Es waren einige Gespräche gefolgt, die aus Thomas' jetziger Perspektive seiner einstmals so glücklichen Ehe in keiner Weise würdig waren. Zwei Wochen nach dem Hotel-Ereignis hatte seine Frau sich tatsächlich von ihm getrennt und dabei von »vollkommenem Vertrauensverlust« gesprochen.

Lissabon zu verlassen, kam trotz der veränderten Umstände für keinen der beiden infrage. Ihre Teenager-Jungen pendelten von nun an also zwischen den Haushalten der Eltern hin und her. Ein harmonisches Team für ihre Kinder zu bleiben, berichtete Thomas mir, sei ihm und seiner Ex-Frau tatsächlich vom ersten Moment an gelungen. Selbst direkt nach dem Seitensprung hatte es vor den Söhnen niemals Streit oder laute Worte gegeben und bis heute zog das ehemalige Paar in dieser Hinsicht vollkommen an einem Strang. Auf dieser Ebene, so empfand er es, waren die vier nach wie vor eine Familie. Doch während Thomas' Ex-Frau nach anfänglich großem Schmerz und vielen, vielen Tränen irgendwann die Vergangenheit hinter sich gelassen und ganz bewusst ein neues Leben begonnen hatte, hatte es sich bei Thomas genau andersherum abgespielt: In den ersten Monaten nach der Trennung fühlte er sich erstaunlich stabil. Er stürzte sich in die Arbeit, organisierte parallel seinen Auszug, richtete das neue Zuhause ein und schien in all dem Aktionismus das Geschehene als zwar unschönen, aber unausweichlichen Teil seiner eigenen Lebensgeschichte zu akzeptieren. Doch als irgendwann wieder etwas Ruhe einkehrte, dämmerte ihm, ausgelöst durch verschiedene Gespräche mit Freunden, mit seinen Eltern und sogar anderen Krebspatienten, die er bei der Nachsorge kennenlernte, welche Rolle seine Erkrankung und sein emotionaler Rückzug für das Ende seiner Ehe gespielt hatten. Konnte das wirklich wahr sein? Gigantische Schuppen fielen Thomas nach und nach von den Augen. Was war nur mit ihm los gewesen? Warum hatte er nicht gesehen, was da geschah? Wie seine Frau sich um ihn bemüht hatte? Wie hatte er zulassen können, dass diese Beziehung zerbrach? Schon bald kam er sich fremd im eigenen, im »neuen« Leben vor – und wollte zurück in sein altes.

Also hatte er seine Ex-Frau um ein Gespräch gebeten. Ihr all seine Überlegungen offenbart, erklärt, was die Krankheit emotional mit ihm gemacht hatte, und sich für die vielen Male entschuldigt, in denen er ihre Gesprächs- und Hilfsangebote zurückgewiesen hatte. Es war das erste Mal seit zwei Jahren, dass zwischen den beiden wieder so etwas wie wahre Vertrautheit entstand. Doch so berührt und aufgewühlt Thomas' Ex-Frau von alledem auch war: Sie ließ leider keinen Zweifel daran, dass es für sie dennoch kein Zurück mehr geben konnte. Zu schlimm war der Schmerz gewesen, zu ohnmächtig hatte sie sich über Monate gefühlt, zu viel Vertrauen war kaputtgegangen. Wer sollte ihr garantieren, dass Thomas sich in einer eventuellen weiteren Lebenskrise nicht wieder ähnlich verhalten würde? Sie wollte nur noch nach vorn schauen. Für Thomas fühlte es sich so an, als würden sie sich ein zweites Mal trennen. Nur dass dieses zweite Mal noch viel schlimmer war als die Premiere.

Das alles lag zu dem Zeitpunkt, als Thomas sich an mich wandte, etwa vier Jahre zurück. Vier Jahre, in denen es mit ihm, so schilderte er es mir, stetig bergab gegangen sei. Wenn seine Söhne nicht gerade bei ihm waren und ihn im positiven Sinne okkupierten, verbrachte er unzählige Stunden, mitunter ganze Tage, mit Grübeleien und Selbstvorwürfen. Eine neue Frau kennenzulernen, interessierte ihn nicht. Freunden wollte er nicht mit der ewig gleichen Leier über seinen Kummer in den Ohren liegen, weshalb er Kontakten schon lang aus dem Weg ging. Seine Hobbies machten ihm keine große Freude und die Arbeit, die bisher zumindest noch eine willkommene Ablenkung gewesen war, strengte ihn nun auch zunehmend an. Von dem Mann, der er vor dem Krebs gewesen war, fühlte Thomas sich meilenweit entfernt. Das Einzige, was ihn bisweilen wiederaufbauen konnte, waren Fantasien und Pläne dazu, wie er seine Frau möglicherweise doch noch zurückgewinnen könnte. Denn manchmal, wenn die beiden sich wegen ihrer Kinder kurz sahen, kam es ihm so vor, als würden sie sich etwas netter als sonst unterhalten. Sie hatte ihn doch so wie früher angelächelt, oder nicht? Ihm zärtlich über den Arm gestrichen? Thomas war längst ein Meister darin geworden, in solch kleinen Gesten große Zeichen zu sehen. Zeichen, dass es vielleicht doch wieder etwas werden könnte mit ihnen. Von so einer aufkeimenden Hoffnung konnte er mitunter wochenlang zehren und überlegte dann hin und her, wie es ihm gelingen könnte, aus dem »zarten Pflänzchen« der Wiederannäherung eine »robuste Pflanze« zu machen. Manchmal wurde er abrupt aus seinen Überlegungen gerissen, wenn seine Ex-Frau ihn plötzlich auf die von ihr gewünschte offizielle Scheidung ansprach oder die Kinder berichteten, dass sie einen anderen Mann getroffen habe. Andere Male kam es so weit, dass er sie schriftlich oder mündlich mit seinen Gefühlen konfrontierte und doch jedes Mal die gleiche Antwort bekam: *Es tut mir leid, Thomas, ich mag dich sehr und du wirst mir für immer wichtig sein – aber ein Zurück für uns als Paar, nein, das kommt für mich nicht infrage. Bitte, schau nach vorn.* Thomas konnte kaum zählen, wie viele solcher »Abfuhren« er von seiner Ex-Frau mittlerweile schon bekommen hatte. Noch verzweifelter als das machte ihn jedoch die Tatsache, dass er trotz der zahlreichen unmissverständlichen Ansagen scheinbar einfach nicht imstande war loszulassen. Manchmal vergingen zwar Wochen oder Monate, in denen ihm vollkommen klar war, dass es wirklich kein gemeinsames Happy End geben würde. Doch bisher hatten seine Sehnsucht und seine Hoffnung ihn immer wieder eingeholt. »Ganz ehrlich, Elena, vier Jahre?«, klingt mir seine Frage aus einem unserer ersten Gespräche noch in den Ohren. »Kann ein Herz aus Pattex sein?«

Ich kann mir vorstellen, dass du an dieser Stelle der Geschichte gerade denkst, dass du gut verstehen kannst, warum Thomas das Loslassen seiner Ex-Frau so schwerfiel. Vielleicht findest du es sogar unfair, dass sie ihm vor dem Hintergrund seiner schweren Erkrankung keine zweite Chance gegeben hat. Und ja, es stimmt, als Außenstehender könnte man das durchaus so betrachten. Allerdings ist bei solchen Überlegungen wichtig zu bedenken, dass die psychischen und emotionalen Zusammenhänge, wie ich sie in meinem Text vor dem Hintergrund eines gemeinsamen Reflexionsprozesses mit meinem Klienten nur sehr verkürzt darstellen kann, weder Thomas noch seiner Frau in dieser Stringenz bewusst waren, während es zu Rückzug, Seitensprung und Trennung kam. »Das Leben wird vorwärts gelebt und rückwärts verstanden« – vielleicht kennst du dieses Zitat des dänischen Philosophen Søren Kierkegaard. Allein, dass wir manche Dinge im Rückblick – im Überblick! – begreifen können, dass wir irgendwann die Zusammenhänge erkennen und merken, dass keine böse Absicht oder Charakterlosigkeit hinter etwas steckte, sondern Verzweiflung, Unsicherheit, Schwäche oder Angst, kann in der Gegenwart leider nicht ihre Sprengkraft mindern. So entstehen bei uns selbst oder anderen Wunden, die sich trotz allen zukünftigen Verständnisses unter Umständen nicht mehr heilen lassen. So traurig das ist, es gehört zum Leben dazu. Deshalb konnte mein Weg in der Beratung mit Thomas auch nicht darin bestehen, Wut auf seine Ex-Frau zu wecken, um ihm das Loslassen zu erleichtern oder ihn in Mitgefühl zu baden. Hier würde es vielmehr um Akzeptanz und Eigenverantwortung gehen. Und darum, Thomas' alte Lebensfreude aus dem Dornröschenschlaf zu holen.

Wir nutzten die ersten acht bis zehn Sitzungen, um uns einzelne Momente aus Thomas' Vergangenheit noch einmal genau anzuschauen, in sie hineinzufühlen und zu begreifen, warum er und auch seine Ex-Frau sich so verhalten hatten. Thomas gelang es dabei erstaunlich gut, nicht nur seine eigene frühere, sondern auch die Perspektive seiner Ex-Frau einzunehmen. Häufig erfasste ihn während dieser Gespräche eine tiefe Traurigkeit, aber auch Wärme und Dankbarkeit, wann immer er spürte, wie sehr er tatsächlich geliebt worden war. Schritt für Schritt fiel es ihm so zumindest leichter, ohne die ihn quälenden Selbstvorwürfe auf das Ende seiner Ehe und vieles, was dem vorangegangen war, zu blicken. An dem Wunsch, in seine alte Beziehung zurückzukehren, änderte das jedoch noch nichts – mitunter passierte in dieser Phase eher das Gegenteil. »Das, was ich da verloren habe«, sagte er zigmal zu mir, »war der kostbarste Schatz auf der Welt. Ich verstehe, dass ich nichts dafürkann und dass es sich nicht mehr ändern lässt. Aber wie soll ich jemals wieder glücklich werden?«

Ich habe dir an anderer Stelle schon erzählt, dass ich in meine Arbeit als Liebeskümmerin gern den Körper eines Klienten einbeziehe, wenn ich merke, dass wir durch bloßes Reden nicht weiterkommen. Raus aus dem Kopf, rein ins Fühlen, das klappt meiner Erfahrung nach auf keinem Weg besser, als wenn man im wahrsten Sinne seine *Sinne* mit in den Heilungsprozess einbezieht. Entsprechend erfreut war ich, als Thomas mir irgendwann sagte, dass er aufgrund einer beruflichen Reise nach Berlin unseren nächsten Termin live wahrnehmen könne. Zwar lassen sich solche körperlichen Elemente der Beratung auch per Video anleiten, von Angesicht zu Angesicht klappt es aber meist noch besser.

Üblicherweise gehe ich ohne einen konkreten Plan in meine Sitzungen und schaue vielmehr, was sich aus dem jeweiligen Gespräch entwickelt. In Thomas' Fall erschien es mir jedoch sinnvoll, etwas vorzubereiten. Ich wollte diese vermutlich einzige Live-Stunde, die wir haben würden, optimal nutzen. Alles, was ich dafür brauchte, konnte ich im Spielzimmer meines Sohnes finden.

Das erste »echte« Kennenlernen mit Thomas fühlte sich nach den vielen Gesprächen, die wir schon über unsere Computer geführt hatten, sehr vertraut an. Der Mann, der mir da gegenüberstand, war eins zu eins die sympathische Person, die ich am Bildschirm wahrgenommen hatte, und Thomas spiegelte mir dasselbe. Mich freute das, denn es bedeutete, dass wir trotz der rund 2500 Kilometer, die uns bisher getrennt hatten, schon einen wirklich guten Draht zueinander gefunden hatten – was Studien zufolge ein ganz entscheidender Faktor für den Erfolg eines Coachings wie auch einer klassischen Psychotherapie ist. Ohne lange Aufwärmphase bat ich Thomas, sich mitten in den Raum zu stellen, die Augen zu schließen und die Arme locker am Körper herunterhängen zu lassen. Ich würde ihm gleich, erklärte ich, etwas in jede Hand geben, was er dann bitte festhalten solle. Dann holte ich zwei sehr große, schwere Spielzeug-Schatztruhen aus dem Nachbarzimmer. Ich brauchte beide Arme, um eine von ihnen tragen zu können, denn ich hatte sie mit einer Schicht aus Steinen aus dem Innenhof gefüllt und obendrüber jede Menge bunte Glas-Edelsteine und Schoko-Goldmünzen gelegt.

Jede Kiste wog sicher 25 Kilo. Thomas gab entsprechend ein paar erstaunte, angestrengte Laute von sich, als ich ihm die Griffe in die Hände drückte: Uff! Ich riet ihm, die Augen unbedingt noch geschlossen zu halten, dann ein paar Schritte vorwärtszugehen und genau hinzuspüren, was er dabei fühlte.

Zunächst hatte er Probleme, überhaupt das Gleichgewicht zu halten, er wankte ein paarmal. Dann machte er einige kleine, flache Schritte. Seine Schultern wurden dabei von den Schatzkisten ordentlich nach unten gezogen. Sein Gesicht war sehr konzentriert, die Stirn in Falten. Er musste nicht lachen oder Ähnliches, was in dieser seltsamen Situation durchaus möglich gewesen wäre. Natürlich ging ich die ganze Zeit neben Thomas her, stoppte und leitete ihn vorsichtig um, wenn er die Wand erreicht hatte. Ich ließ ihn zweimal hin- und herlaufen, ehe ich die Übung beendete und ihn bat, in seinem eigenen Tempo die Augen wieder aufzumachen.

Nach etwa zehn Sekunden war Thomas so weit. Kaum, dass seine Lider sich gehoben hatten, sah er auf seine Hände und die beiden Holz-Schatzkisten. Anstatt Irritation über die Piraten-Utensilien, die er als erwachsener Mann herumschleppte, zu zeigen, sah er mich nur an und nickte wissend: Ihm war scheinbar intuitiv klar, dass ich mit dieser Übung auf seine so häufig verwendete Formulierung, seinen »Schatz« anspielte. Und so war es auch nicht überraschend, dass er die Kisten nicht abstellte. »Wie war das für dich?«, fragte ich. Thomas fixierte einen Punkt auf dem

Boden, schüttelte den Kopf, atmete hörbar aus. »Unglaublich anstrengend. Am Anfang habe ich gedacht, ich verliere das Gleichgewicht. Ich konnte die Last dann irgendwie ausbalancieren, aber musste deshalb auch so langsam und vorsichtig gehen. Es hat mich einfach richtig nach unten gezogen.« Er ließ die Schultern bei diesen Worten gefühlt noch ein Stück weiter sinken. »Richtig, richtig *runtergezogen*. Passt ganz gut, das Bild. Der Schatz, der mich runterzieht und den ich dennoch nicht loslassen kann …« Ich nickte. »Und war das auch emotional so? Wie hast du dich gefühlt während der Übung?« Thomas dachte kurz nach. »Traurig und irre bedrückt. Dabei wusste ich ja gar nicht, was ich da trage. Eingeengt auch. Belastet. Auch ein bisschen abgeschnitten von dir, weil ich so sehr mit mir und diesem Gewicht zu tun hatte.« – »Und trotzdem hast du die Kisten immer noch nicht abgestellt«, kommentierte ich und schaute auf Thomas' Hände, die die Griffe der Truhen weiterhin fest umschlossen hielten. »Nein. Mir war sofort klar, wofür die Truhen stehen. Mein Schatz ist eben viel mehr als nur eine Belastung.« – »Das verstehe ich«, fuhr ich fort und fragte nach einem kurzen Moment der Stille: »Darf ich mal meine Hand auf deinen Rücken legen?« Thomas nickte. Ich platzierte meine Hand in seinem Nacken, zwischen den Schulterblättern, dort, wo die Muskulatur durch die Last besonders angespannt war. Ich mache das, wenn ich meinem Klienten durch die Berührung den Zugang zum eigenen Körpergefühl erleichtern möchte. »Mich würde interessieren, was dein Körper dazu meint? Möchte er diese Kisten auch weitertragen …?« Da ich nun schräg hinter Thomas stand, konnte ich seinen Gesichtsausdruck nicht mehr richtig sehen, spürte aber, wie seine Schultern unter meiner Hand noch ein Stück weiter nach unten sackten. Er schwieg daraufhin so lange, dass ich meine Frage schon wiederholen wollte. »Nein«, sagte er dann plötzlich und klang dabei erstaunt. »Nein, nein, nein« – jetzt überzeugter. »Der möchte die Dinger eigentlich ganz schnell loswerden!« Seine Stimme klang beinahe aufgeregt. »Und kannst du dir vorstellen, dem nachzugeben?« Unter meiner Hand machte Thomas eine kleine Bewegung, diesmal nach vorn – nicht nach unten. »Das ist total irre, aber ja, mir kommt sogar die Idee, den Schatz gar nicht hier direkt neben mich, sondern da drüben neben den Sessel zu stellen. Das könnte gehen. Also, vielleicht. Sicher weiß ich es nicht.« Eine Steilvorlage für mich. »Das Schöne hier ist ja«, erklärte ich Thomas, »dass wir einfach alles ausprobieren können. Wenn es doch nicht geht, nimmst du sie dir einfach wieder.« – »Alles klar.« Jetzt ging eine Spannung durch seinen ganzen Körper. Er richtete sich auf. Im nächsten Augenblick löste sich sein Rücken von meiner Hand, er ging mit festen Schritten los. Beim Sessel angekommen, platzierte er die Truhen sorgsam nebeneinander, als wären sie echte Kostbarkeiten. Er strich mit seiner rechten Hand darüber und kam dann – rückwärts laufend, den Blick auf seinem Schatz ruhend – langsam zu mir zurück. Ich fand es beachtlich, wie intensiv Thomas sich auf diese Übung einlassen konnte. Er sah in den beiden Spielzeugkisten meines Sohnes wirklich seine verlorene Ehe. »Wie fühlst du dich? Kannst du es aushalten?«, horchte ich nach.

»Das ist total irre«, sagte Thomas. »Aber ich fühle mich plötzlich so leicht. Irgendwie befreit. Also, mein Körper fühlt sich so, meine ich.« Er schüttelte die Arme aus und begann, seine Finger zu spreizen und zu Fäusten zu ballen. Es sah aus, als würde jemand seine eingerosteten Gliedmaßen nach langer Ruhe zu neuem Leben erwecken. »Das fühlt sich so gut an, dass ich zumindest jetzt gerade das Bedürfnis habe, einfach nur hier zu stehen.« Ich freute mich wahnsinnig, denn das war mehr, als ich mir von der Übung erhofft hatte. Ich lächelte ihn an. Thomas blieb nun einige Minuten auf seinem Platz. Er schüttelte die Beine, kniete sich hin, streckte die Arme zu den Seiten aus. Die Kisten behielt er dabei die meiste Zeit im Blick. Ich stand neben ihm, kommentierte aber nichts. Irgendwann kehrte wieder Ruhe in Thomas' Körper ein. »Ich glaube, jetzt habe ich erst mal genug«, sagte er, mehr zu sich selbst als zu mir. »Ich gehe mal wieder zurück.« Ohne auf eine Reaktion von mir zu warten, machte er die paar Schritte zurück, hob die Truhen jedoch nicht wieder hoch, sondern kniete sich neben sie. »Darf ich sie öffnen?«, fragte er. Ein Glück, dass ich die Truhen nicht nur mit grauen Steinen gefüllt habe!, schoss es mir durch den Kopf. »Ja gern.« Thomas klappte die Deckel auf und beim Anblick der vielen goldenen Schokotaler und bunten Glas-Edelsteine musste er schmunzeln – sah sie aber an, als handelte es sich um echte Diamanten, Saphire, Opale und Goldmünzen. »Wunderschön«, flüsterte er und begann auf einmal, leise zu weinen. Es war kein verzweifeltes oder aufgeregtes Weinen, er schluchzte nicht. Es kam mir eher vor wie Tränen der Rührung oder vielleicht sogar Erleichterung, seine Emotionen flossen einfach aus ihm heraus. Ich holte ein Taschentuch. Nachdem er noch eine ganze Weile geweint hatte, putzte er sich die Nase und sah mich an. »Ich dachte erst, ich nehme sie wieder hoch, aber die hier«, er beugte die Arme und drehte die Hände, »wollten das nicht mehr. Die wollen frei bleiben. Und dann ist mir der Gedanke gekommen, stattdessen vielleicht nur einen kleinen Teil an mich zu nehmen. Als Erinnerung? Die wiegt nicht so schwer und gleichzeitig bleibt der Schatz dann doch irgendwie bei mir …« – »Das finde ich wahnsinnig schön«, bestärkte ich Thomas. »Such dir gern ein Teil aus, es ist ja dein Schatz.« Er wählte schnell einen großen roten »Edelstein« und steckte ihn sich in die Hosentasche, anstatt ihn lang in der Hand zu halten. Dann sah er mich an. »Möchtest du trotzdem noch ein bisschen hier sitzen bleiben?«, erkundigte ich mich. Thomas schüttelte lächelnd den Kopf. »Nein. Ich glaube, jetzt ist ein guter Moment, um aufzustehen.« Wir erhoben uns und Thomas ging, ohne zu zögern, zum Sofa am anderen Ende des Raumes. Diesmal lief er vorwärts.

Wir redeten noch einige Zeit miteinander, ordneten das gerade Erlebte emotional ein. Rein physisch zu spüren, wie sehr das Festhalten an seiner Ehe ihn jeden Tag belastete und wie befreiend es sich anfühlen konnte, diese Last loszulassen, setzte ganz neue Gedankengänge in Thomas frei. Zum ersten Mal hörte ich aus seinem Mund zaghafte Überlegungen dazu, was er – theoretisch! – mit seiner Energie anfangen könnte, wenn er sie nicht mehr dafür

aufwenden würde, permanent um seine Ex-Frau zu kreisen. »Das Gute an dieser Art von Übungen«, erklärte ich
Thomas kurz vor dem Ende unserer Stunde, »ist, dass dein
Körper sich von nun an sehr genau an dieses Gefühl erinnern wird – besser und schneller vermutlich als dein
Kopf sich an irgendein Gespräch zwischen uns erinnern
wird. Du kannst jetzt also nicht nur *verstehen*, wie wichtig
es für dich ist loszulassen, du kannst es *fühlen*. Das geht
dir nicht mehr verloren.« – »Ja, das glaube ich dir sofort«,
antwortete er, griff in seine Hosentasche, holte den roten
Stein heraus und drehte ihn in der Hand. »Und den hier
lege ich zu Hause an einen sicheren Platz. Da geht auch er
mir nicht verloren.«

Thomas und ich sprachen noch fünf- oder sechsmal per
Video miteinander. Natürlich wandelte sich sein Leben
nicht von jetzt auf gleich. Aber was deutlich zu spüren
war: Berlin war ein Wendepunkt gewesen. Von diesem Tag
an ging es in kleinen Schritten bergauf. Wann immer er
merkte, dass die Gedanken an seine verlorene Ehe ihn wieder komplett in Beschlag zu nehmen drohten, erinnerte er
sich an das körperliche Unwohlsein und die Last, die sie
für ihn bedeuteten. Manchmal ging er dann zu dem Nachttisch, in den er den Stein gelegt hatte, nahm ihn kurz in die
Hand und legte ihn anschließend, beinahe rituell, wieder
zurück. Danach fiel es ihm leichter, seine Energie wieder
für andere Dinge aufzuwenden. Er begann, sich wieder
mit Freunden zu treffen, entwickelte neue Freude an verschiedenen Freizeitaktivitäten. Ich schätze, es waren etwa

drei Monate seit unserem Treffen in Berlin verstrichen, als er mir in einem Videocall beinahe überrascht sagte, dass er nun bereits seit sechs Wochen keinerlei »Rückfälle« gehabt habe – er meinte damit die Wunschvorstellungen von einem Zurück in seine alte Beziehung. Ich freute mich sehr für ihn. Zumal sein Verhältnis zu seiner Ex-Frau dennoch stabil und gut blieb – ein Zeichen dafür, dass Thomas es wirklich schaffte, *innerlich* loszulassen, ohne dies durch äußere Distanz erzwingen zu müssen.

Während ich diese Geschichte aufschreibe, liegt meine Arbeit mit Thomas schon einige Jahre zurück. Ich habe noch einmal Kontakt mit ihm aufgenommen, zu einem Zeitpunkt, als er mit seinen Söhnen gerade eine Reise durch Südamerika machte. Ihm ging es nicht nur psychisch, sondern auch körperlich – was mich zusätzlich sehr freute – gut. Er hatte einige Bekanntschaften mit Frauen gehabt, die zwar noch zu keiner neuen Beziehung geführt hatten. Das liege aber nur daran, dass es noch nicht gepasst habe, sagte Thomas. Der Platz an seiner Seite sei definitiv wieder frei und die Zeit werde den Rest schon bringen.

Das Loslassen am Ende einer Liebesbeziehung ist nie schön. Sogar, wenn man selbst seine Partnerschaft beendet, sich entliebt oder neu verliebt hat oder aus verschiedenen Gründen erleichtert ist, wieder ohne den anderen zu sein: Es gibt eigentlich immer eine Kehrseite. Eine einstige Liebe ist gescheitert, ein Zukunftsplan ausradiert, die Wunschvorstellung von einem erfüllten Miteinander Fantasie geblieben. Außerdem ist ein Abschnitt des eigenen Lebens vorbei, was für sich genommen schon traurig machen kann. Von den Fällen, in denen eine ganze Familie an dem Aus einer Paarbeziehung zerbricht, einmal ganz zu schweigen.

Vielen Menschen gelingt es dennoch, nach einer Phase der Trauer, vielleicht der Wut und Hilflosigkeit, nach Verarbeitung, Auseinandersetzung oder einfach jeder Menge Ablenkung in einem für sie erträglichen Zeitraum zurück in ihr eigenes Leben zu finden. Sie lassen die vergangene Liebe los, entwickeln eine neue Idee für sich und ihre Zukunft. Vielleicht brechen sie mit dem Ex-Partner, vielleicht bleiben sie in Kontakt, vielleicht ziehen sie Lehren aus dem Erlebten, im Schlechten wie im Guten. Vielleicht tun sie es nicht. Aber sie sind wieder frei.

Es gibt jedoch auch die anderen Fälle – und wie ich in Thomas' Geschichte bereits erwähnt habe, sind es viel mehr, als man denkt –, in denen das Loslassen den Betroffenen einfach nicht gelingen will, worunter sie häufig massiv leiden. Nicht immer muss dieses Leiden daran liegen, dass das Festhalten an der vergangenen Liebe sie *so lang* begleitet. Oft ist es auch einfach *so intensiv*, dass ihr übriges Leben kaum mehr funktionieren will (im Extremfall, der zum Glück sehr selten ist, kann das in Stalking oder Suizid enden).

In meiner Arbeit habe ich beobachtet, dass es bestimmte äußere Umstände, individuelle Voraussetzungen und zwischenmenschliche Konstellationen gibt, die besonders häufig dazu führen, dass Klientinnen und Klienten bei mir »landen«, weil sie nicht loslassen können. Ich möchte dir ein paar davon hier auflisten:

- Jemand lebt in einer Partnerschaft, die er selbst als gut und stabil empfindet und die er nicht infrage stellt – bis der Partner sich, gefühlt ganz unvorbereitet, trennt. Dem Betroffenen kommt es so vor, als würde er den gerade noch als vollkommen sicher empfundenen Boden unter den Füßen verlieren, was einen regelrechten Schock auslöst. Unter Umständen geht das Ganze mit einem Seitensprung oder einer Affäre einher und führt zusätzlich zu einem großen Vertrauensverlust. Lange kann der Eindruck bestehen, »im falschen Film«, in einem »Albtraum« zu leben, aus dem man aufzuwachen hofft.

- Trotz großer Gefühle streitet ein Paar permanent und trennt sich schließlich, weil es einfach keine Lösung dafür findet. Die Emotionen bleiben jedoch – genauso wie die Frage »Hätten wir es nicht doch irgendwie besser machen können?« Oft führt das zu einer dauerhaften und zermürbenden On-Off-Konstellation.

- Jemand beendet seine Partnerschaft, bereut es im Anschluss allerdings sehr. Ein Zurück ist für das Gegenüber jedoch ausgeschlossen.

- Ein Mensch kann sehr schwer allein sein. Sobald seine Partnerschaft zu Ende geht, fühlt er sich einsam und möchte – oft ungeachtet der Qualität der Beziehung – unbedingt zurück, weil er nicht daran glaubt, einen neuen Partner finden zu können.

- Jemand hat in seiner Vergangenheit ein oder mehrere Verlassenstraumata erlebt – häufig schon in der Kindheit. Wenn eine Beziehung zu Ende geht, werden diese reaktiviert, was in dem betroffenen Menschen scheinbar unkontrollierbare Panik bis hin zu regelrechter Todesangst auslöst. Dies sind häufig die Fälle, in denen das Nicht-loslassen-Können dazu führt, dass jemand nicht unbedingt lang, aber extrem intensiv aus der Bahn geworfen wird.

- Ein Mensch lenkt sich mit dem Festhalten an einer verlorenen Partnerschaft unbewusst von anderen Problemen in seinem Leben ab: So lang er damit zu tun hat, über die vergangene Beziehung und einen möglichen Weg zurück nachzudenken, »kann« (beziehungsweise muss) er sich zum Beispiel nicht damit beschäftigen, endlich einen neuen Job zu finden oder psychische Herausforderungen in Angriff zu nehmen.

- Am Ende einer toxischen Beziehung (zum Beispiel mit einem Narzissten) ist jemand emotional abhängig von seinem Ex-Partner. Das Verheerende: Diese emotionale Abhängigkeit lässt sich sehr leicht mit Liebe verwechseln. Und: Der verlorene Partner ist zusätzlich oft unklar in seinem Verhalten, schürt neue Hoffnungen etc. Auch für Menschen, die in ihrem vorherigen Leben keine großen Probleme mit dem Loslassen hatten, kann dies zu einer scheinbar nicht zu bewältigenden, jahrelangen Belastung werden.

- Im Anschluss an eine eigentlich problemlos beendete und überwundene Beziehung hat jemand lange Zeit probiert, einen neuen Partner zu finden. Da jedoch scheinbar nie irgendetwas passt, sieht der Betroffene den Ex-Partner irgendwann als die einzige Person, mit der er hätte glücklich sein können. Er versucht also, die Ex-Beziehung zu reaktivieren, was vom Gegenüber jedoch nicht erwidert wird.

- Zwei Menschen sind aufgrund ihrer äußeren Lebensbedingungen auch nach einer Trennung dazu gezwungen, andauernd Kontakt zum Ex-Partner zu haben – zum Beispiel, weil sie gemeinsam Eltern sind, zusammenarbeiten oder in unmittelbarer Nähe wohnen –, wodurch der Trennungsschmerz immer wieder geweckt wird.

- Jemand wird von seinem Partner verlassen, ohne dass dieser bestimmte Gründe nennt. Der Verlassende verweigert auch im Nachgang den Austausch, sodass der Verlassene große Probleme hat, das Geschehene überhaupt verstehen und verarbeiten zu können.

Wenn ich noch eine Weile nachdenken würde, könnte ich sicher noch mehrere Seiten mit weiteren Beispielen füllen. Häufig sind es zudem Mischformen der hier von mir genannten Faktoren, mit denen Menschen ihren Weg zu mir finden. Jemand, der schlecht allein sein kann, hat zum Beispiel ein erhöhtes Risiko, sich in einer toxischen Beziehung wiederzufinden. Ähnlich wie jemand, der in seiner Kindheit Traumata auf der Bindungsebene erlebt hat und Partnerschaftskonflikte später mit größerer Wahrscheinlichkeit als besonders massiv und vielleicht sogar unlösbar empfindet.

Was mache ich nun mit all diesen Klientinnen und Klienten, die häufig schon so viel ausprobiert haben? Es wird dich jetzt vielleicht wundern, dass bei all den individuellen Formen und Ursachen des Nicht-loslassen-Könnens die Lösungen gar nicht so unterschiedlich ausfallen müssen. Im Detail, im Prozess tun sie das natürlich, schließlich drücke ich nicht jedem zwei Schatzkisten in die Hand! Aber: Im Großen und Ganzen ist es doch immer wieder die gleiche Erkenntnis, auf die alles hinführt und die am Ende auch die Erleichterung – im wahrsten Sinne des Wortes – bringt: Dein kostbarster Partner auf dieser Welt bist du selbst. Denn dieses Gefühl ist es, was all jenen, denen das Loslassen so schwerfällt, oft abhandengekommen ist oder was vielleicht noch nie da war. Weshalb sie Dinge über sich ergehen lassen, die ihnen alles andere als guttun. Weshalb sie glauben, ohne jemand anderen nichts mehr wert zu sein. Weshalb sie emotional nicht gut für sich sorgen können. Weshalb sie Glück und Zufriedenheit viel im Außen und weniger in sich selbst suchen. Weshalb es ihnen schwerfällt, Verständnis für sich selbst aufzubringen und sich zu verzeihen, wenn etwas schiefgegangen ist. Weshalb sie viel zu lang auf Freude in ihrem Leben verzichten. Und weshalb sie nicht selten Zweifel daran haben, überhaupt liebenswert zu sein. Wer es schafft, wieder Verantwortung für sich selbst zu tragen, weil er spürt, dass er es einfach *wert* ist, sich um sich selbst zu kümmern, braucht sich an niemand anderem mehr festzuhalten.

»Wer loslässt, hat zwei Hände frei.« Als ich dieses chinesische Sprichwort vor Jahren einmal irgendwo gelesen habe, hat es mich mitten ins Herz getroffen. Seitdem ist es einer von drei Sprüchen auf der Rückseite unterschiedlicher Liebeskümmerer-Postkarten, die ich Klienten gern in die Hand gebe oder schicke. Und besonders im Zusammenhang mit zwei weiteren Sprüchen macht er Sinn:

»Sich selbst zu lieben,
ist der Beginn einer wundervollen Romanze.«
(Oscar Wilde)

»Es ist das Ende der Welt, sagte die Raupe.
Es ist erst der Anfang, sagte der Schmetterling.«
(Laotse)

PS für dein Herz:

Liebe und Beziehungen sind wunderschön und wichtig, für alle von uns. Aber noch wichtiger als die Liebe zu einem Partner ist die Liebe zu dir selbst. Keine Partnerschaft dieser Welt ist es wert, dass du dein Glück in diesem wundervollen, einmaligen Leben von ihr abhängig machst. Such dir Hilfe, wenn du merkst, dass eine vergangene Liebe dich die meiste Zeit traurig macht.

6.

»Was, wenn ich mich total blamiere?«

Liebst du mutig?

Ich habe dir vorhin, in meinem Kapitel über Philippa, schon einmal kurz etwas über die Altersstruktur der Menschen erzählt, die sich Hilfe bei uns Liebeskümmerern holen. Unsere jüngsten Klienten sind in der Regel um die dreißig Jahre alt. Junge Frauen und Männer in ihren Endzwanzigern finden sich regelmäßig in unseren Beratungen, aber das Gros bewegt sich altersmäßig eher zwischen 30 und 50 Jahren und kann übrigens auch gern mal deutlich nach oben »ausreißen«: Der 81-jährige Mann mit Liebeskummer oder die 75-jährige Frau, die nach einer jahrzehntelangen Vernunftehe das erste Mal in ihrem Leben eine Beziehung aus Liebe führt, das ist alles schon vorgekommen. Eher selten bis gar nicht haben wir jedoch mit Teenagern oder den Anfang bis Mitte 20-Jährigen zu tun. Das liegt selbstverständlich nicht daran, dass es in dieser Altersgruppe keinen Kummer mit der Liebe gibt. Aber da unsere Dienstleistung leider nicht von den Krankenkassen gezahlt wird, können die allermeisten jungen Leute sie sich schlichtweg nicht leisten. Ich verweise in diesen Fällen immer an kostenfreie Angebote wie »Die Nummer gegen Kummer«, die Telefonseelsorge oder gegebenenfalls auch an Psychotherapeuten mit Kassenzulassung. Die Geschichte, von der ich dir nun erzählen möchte, ist daher einerseits ein ungewöhnlicher Fall, andererseits steht sie für ein großes Thema, das vollkommen unabhängig vom Lebensalter in der Liebe eine wichtige Rolle spielt.

Pia buchte eine einwöchige Mailberatung bei mir. Dieser Weg der Kommunikation eignet sich besonders für Menschen, die selbst gern schreiben und außerdem den Wunsch haben, das »Besprochene« auch später noch einmal genau rekapitulieren zu können. Schon oft habe ich von Klienten gehört, dass sie Mails von mir immer und immer wieder durchgelesen haben – und dass das gerade in den »schwachen« Momenten sehr hilfreich war. Sicher gibt es aber auch noch eine weitere Überlegung, die manche Menschen dazu bewegt, eher schriftlich Kontakt zu uns aufzunehmen: Nicht jedem liegt es, mit einem ihm zunächst ganz Unbekannten persönlich über so intime Gefühle und Gedanken zu sprechen, wie es bei uns der Fall ist. Die Hemmschwelle einer E-Mail ist deutlich geringer.

»Ich bin 19 Jahre alt«, schrieb Pia mir, »und lebe seit einem halben Jahr in einer WG mit meinem besten Freund und zwei Kommilitonen. Meinen besten Freund kenne ich schon seit dem letzten Jahr in der Schule und weil wir beide in die gleiche Stadt zum Studieren gezogen sind und nicht so viel Geld haben, kam uns die Idee mit der WG-Gründung. Wir verstehen uns alle total gut, auch die anderen beiden Jungs sind sehr nett. Mein Problem ist, dass ich mich seit dem Einzug nach und nach in meinen besten Freund verliebt habe und das Zusammenwohnen deshalb immer unerträglicher für mich wird. Wir kochen viel zusammen, lernen, gucken Filme, machen einfach Quatsch, oft auch nur zu zweit. Und dann würde ich ihn so gern umarmen, küssen, seine Hand nehmen. Nachts liege ich in meinem Zimmer und wünschte, er könnte einfach über den Flur zu mir rüberkommen. Aber ich bin mir leider ganz sicher, dass er nicht auf mich steht. Er erzählt mir nämlich immer von seinen Dates und wen er in der Uni gerade wieder toll findet. Ich tue dann so, als würde mich das nicht stören, weil ich unsere Freundschaft ja auch nicht kaputt machen möchte. Aber ich habe ehrlich gesagt schon überlegt, unter irgendeinem Vorwand auszuziehen. Vielleicht kann ich mich dann entlieben. Aber vielleicht kannst du mir ja sagen, wie das mit dem Entlieben am besten geht? Ich habe leider noch nicht so viele Erfahrungen mit Jungs wie andere Mädchen und bei meinen Freundinnen ist es genauso. Deswegen kann ich niemanden, dem ich vertraue, um Rat fragen.«

Ich musste beim Lesen von Pias Mail unwillkürlich schmunzeln. Nicht, dass ich ihre Verzweiflung nicht gespürt hätte! Aber so sehr rührte mich die Art, in der sie ihr Problem vortrug, und so sehr fühlte ich mich schlagartig in meine eigene Jugendzeit und die vielen Unsicherheiten und Nöte rund um die Liebe, die ich damals erlebt hatte, zurückversetzt. In wie vielen Momenten hätte es auch mir gutgetan, wenn mir jemand mit etwas mehr Lebenserfahrung einen empathischen Rat gegeben und mich ernst genommen hätte – wozu es leider wenig Gelegenheit gab, weil ich viel zu vieles im Stillen mit mir selbst ausgemacht habe. Ich begann sofort, meine Antwort an Pia zu tippen.

»Liebe Pia, hab ganz lieben Dank für deine Nachricht und deine Schilderung der Situation – ich kann mir sehr gut vorstellen, wie sich das für dich anfühlen muss, und finde es ganz toll, dass du den Schritt gehst, dir Hilfe zu holen! Bevor ich mit dir darüber rede, wie du dich entlieben könntest und ob es sinnvoll wäre, aus deiner WG auszuziehen, würde ich dich gern erst einmal etwas anderes fragen, wenn das o.k. ist (wenn nicht, sag mir das ehrlich!): Bist du dir wirklich *ganz sicher*, dass dein bester Freund nicht vielleicht ähnlich für dich empfindet? Gibt es dafür noch mehr Indizien als »nur«, dass er dir gegenüber von Dates und anderen Mädchen redet? Du sagst, du tust dann immer so, als würde es dich nicht stören. Könnte es denn nicht auch sein, dass er seinerseits daraus schließt, dass du kein Interesse an ihm hast ...? Es scheint ja so, als würde er durchaus sehr gern sehr viel Zeit mit dir verbringen und als wäre aus seinen Dates bisher auch noch nichts Ernstes geworden. Ich frage mich, ob es das Risiko vielleicht wert ist, ihn in deine Gefühle einzuweihen? Was genau hält dich davon ab? Falls er sie nicht erwidert, heißt das nicht unbedingt, dass eure Freundschaft daran zerbrechen muss! Und: Die Gefahr, dass das passiert, besteht ja eigentlich genauso, wenn du es für dich behältst und sogar über einen Auszug nachdenkst. Oder? Natürlich helfe ich dir, wenn du das wirklich möchtest, beim »Entlieben« – aber ich möchte dir einfach ehrlich sagen, dass es dafür meinem Eindruck nach vielleicht noch ein bisschen zu früh ist. Was denkst du? Liebe Grüße! Elena«

Ich schickte die Mail ab und setzte mich daran, meine Buchhaltung zu machen, als schon nach sehr kurzer Zeit eine neue Nachricht von Pia in mein Postfach plingte. Sie ging ohne Anrede los und verzichtete, im Unterschied zu der vorherigen Nachricht, auch vollkommen auf Kommata und Rechtschreibung: »Meinst du wirklich? ich kriege herzrasen und mir wird schlecht wenn ich mir nur vorstelle ihm was zu sagen. Was wenn ich mich total blamiere und das für uns beide eine ganz peinliche und blöde situation wird? Levi so heißt er wird gar nicht mehr wissen wie er mit umgehen soll. Weißt du die mädchen von denen er mir sonst so erzählt sind auch einfach soooo anders als ich. du hast zwar recht er könnte auch von mir denken dass vor allem ich das zwischen uns nur platonisch sehe. Aber ich bin mir trotzdem zu 90 % sicher dass er nicht auf mich steht.«

Eigentlich hatte ich an diesem Abend gar nicht vorgehabt, noch weitere Beratungsmails zu schreiben, sondern wollte meine Unterlagen für den Steuerberater fertig machen und das Laptop dann schnell beiseitelegen. Doch die Geschwindigkeit, in der Pia reagiert hatte, und auch die Form – beziehungsweise Formlosigkeit – ihrer Antwort ließen mich vermuten, dass sie gerade ziemlich aufgewühlt war und eine erneute Nachricht von mir jetzt wichtig für sie sein könnte. Die Unterlagen fürs Finanzamt konnten auch bis morgen warten.

»Liebe Pia, ich verstehe dich total – wenn man jemand anderem seine Gefühle zeigt, macht man sich immer auch verletzlich. Und natürlich kann das Ängste hervorrufen! Aber die Frage ist, ob das, was man vielleicht bekommen wird, wenn man trotzdem über seinen Schatten springt, dieses Risiko nicht wert ist? Du hast mir geschrieben, du fürchtest, dass eure Freundschaft an deinem »Geständnis« zerbrechen könnte – aber noch mal die Überlegung: Tut sie das nicht eventuell auch oder sogar noch wahrscheinlicher, wenn du einfach ausziehst und dein Geheimnis für dich behältst? Dann kannst du ja eigentlich gar nicht mehr ehrlich zu deinem *besten* Freund sein und ist das nicht ein Widerspruch in sich? Wenn du einmal genau überlegst, was schlimmstenfalls passieren könnte, wenn du Levi alles sagst, was fällt dir dann ein? Hast du wirklich das Gefühl, dass du den Schmerz einer Zurückweisung nicht ertragen könntest (ist dir so etwas vorher schon einmal in einem anderen Zusammenhang passiert und war sehr schlimm für dich?

Bitte erzähle mir dann unbedingt davon) oder geht es in erster Linie darum, dass du dich schämen würdest? Wenn das Zweite zutrifft, möchte ich dir unbedingt sagen, dass ich finde: Es ist niemals (!!!) ein Grund für Scham, wenn man sich in jemand anderen verliebt hat. Zumal, wenn dieser Jemand auch noch der beste Freund und sicher ein ganz toller Mensch ist. Im Gegenteil: Es ist doch wundervoll, dass du so fühlen kannst – völlig unabhängig davon, was von der anderen Seite zurückkommt! Sei glücklich darüber! Vielleicht machst du es einfach so: Stell dir einmal ganz in Ruhe vor, du ziehst jetzt aus, ohne etwas zu sagen, und eure Freundschaft leidet darunter. Irgendwann triffst du Levi dann nach langer Zeit wieder und mit viel Abstand sagt er dir, dass er damals auch in dich verliebt war. Wie würdest du dich dann fühlen? Und womit könntest du besser umgehen: Mit der verpassten Chance in der Zukunft oder einer ›Abfuhr‹ im Hier und Jetzt? Vielleicht kannst du davon abhängig machen, wie du weiter vorgehen möchtest? Und auch das noch: Eine schöne Alternative zu einem Live-Gespräch mit Herzrasen und Übelkeit kann auch ein Brief sein, gerade in der Liebe. So kann man seine Gedanken in Ruhe sortieren und der andere sie auf sich wirken lassen. Es tut mir leid, dass ich deinem ›Auftrag‹ aus der ersten Mail immer noch nicht so richtig nachkomme. Aber ich antworte dir gerade nicht nur als professionelle Liebeskümmerin, sondern auch ganz persönlich als Elena, eine Frau mit fast 25 Jahren mehr Lebenserfahrung. Und ich habe das Gefühl, dass ich dir all das hier sagen und dir unbedingt Mut machen muss! Du hast wirklich gar nichts zu verlieren, sondern eigentlich nur zu gewinnen. Entweder eine Liebe oder ein kostbares Stück Authentizität – oder beides. Wenn du magst, schreib mir noch einmal genau, wovor du Angst hast, und dann können wir gern zusammen weitersehen. Deine Elena«

Ich weiß nicht, ob Pia meine Mail wirklich noch am selben Abend gelesen hat – denn ich hörte in den folgenden zwei Tagen nichts von ihr. Innerhalb der Mailberatungen kommt das immer mal wieder vor, wenn meine Klienten entweder zu viel um die Ohren haben oder sich mit dem Geschriebenen sehr intensiv auseinandersetzen. Erst wenn ich drei Tage nichts von jemandem gehört habe, horche ich in der Regel nach, ob alles in Ordnung ist. Dem kam Pia jedoch zuvor. Es war mitten in einer unglaublich heißen Julinacht ich saß gerade mit meinem damals erst wenige Monate alten Sohn im Arm auf der Dachterrasse und hatte den Kleinen in den Schlaf gestillt –, als eine Nachricht ankam: »Liebe Elena«, begann sie, »es ist halb vier Uhr morgens und du wirst es nicht glauben, aber Levi liegt hier schlafend neben mir im Bett!!! Ich kann es selbst kaum glauben!!! Wir waren heute Nachmittag allein in der WG und beim Lernen, als wir zusammen vor meinem Computer saßen, ist es irgendwie einfach aus mir rausgeplatzt. Weißt du, ich hatte seit vorgestern dauernd die Frage im Kopf, ob es für mich schlimmer ist, jetzt enttäuscht zu werden oder irgendwann mal zu erfahren, dass er auch in mich verliebt war. Das hat ganz viel in mir verändert und auf einmal war der Moment einfach da. Levi hat SOFORT super reagiert. Er sagte, er hätte mich schon von Anfang an als Mädchen richtig gut gefunden, aber ich hätte ihm ja nie irgendwelche Zeichen gegeben und er hat immer gedacht, ich interessiere mich nur für ältere Typen. Oh Mann!! So wie es aussieht, sind wir beide schüchtern. Haha, bis heute gewesen! Das fühlt sich jetzt alles so neu an und ich bin total aufgeregt und kann nicht schlafen. Jedenfalls bin ich so froh, dass ich dir geschrieben habe. Danke! Unsere Woche ist ja eigentlich noch nicht vorbei, aber ich glaube, wir können die Beratung schon wieder beenden, haha. Oder? Pia«

Da war es wieder: mein gerührtes Schmunzeln. Hach, die Liebe. Ich blickte über das nächtliche Berlin, hörte das leise Baby-Schnarchen meines Sohnes und dachte, wie wundervoll es ist, zu seinen Gefühlen zu stehen. Dann loggte ich mich mit meiner freien Hand in unser Buchungssystem ein und erstatte Pia, zusammen mit einer kurzen Notiz, den vollen Preis für die Beratung: »Ich wünsche euch beiden von Herzen alles Liebe, Pia. Und wenn du mich irgendwann einmal wieder brauchst, was ich nicht hoffe, melde dich jederzeit gern. Mit dem Geld könnt ihr beiden jetzt sicher etwas Schönes anfangen. Bitte nimm es zurück, ich habe deinen Auftrag ja gar nicht erfüllt ;-) Liebe Grüße! Deine Elena«

Wenn es ein Rezept für die Liebe geben würde, Mut wäre sicher eine seiner wichtigsten Zutaten. Beim Überreichen des ersten Liebesbriefs als Teenager, beim ersten

Kuss, beim ersten Sex, dem ersten Mal »Ich liebe dich«-und dem ersten Mal »Ich liebe dich leider nicht«-Sagen, bei jedem späteren ersten Kuss, ersten Sex und »Ich liebe dich«-Sagen, wenn man sich neu auf das Verlieben einlässt, nachdem man verletzt oder enttäuscht wurde, beim Ansprechen der eigenen Bedürfnisse und Gefühle in einer Beziehung, wenn man sich zeigt, hinschaut, wo es persönliche oder gemeinsame Probleme gibt, wenn man ehrlich zu sich selbst und seinem Partner ist. Beim Loslassen, falls das notwendig ist, um die Liebe im eigenen Leben nicht gänzlich zu verlieren. Überall dort und an noch so vielen anderen Stellen ist Mut in der Liebe erforderlich. Oder lass uns besser sagen: vollkommen unverzichtbar.

Ich habe einmal ein Buch gelesen, das mich sehr berührt hat. In ihm wurden Menschen auf dem Sterbebett über ihr Leben befragt, dazu, was ihnen rückblickend wirklich wichtig war, worüber sie glücklich waren – aber auch, was sie vielleicht bereuten. Mein Fazit aus all diesen wahnsinnig tiefen und intimen Gedanken war beklemmend und aufrüttelnd zugleich: Das, was die meisten Menschen am Ende ihres Lebens am heftigsten bewegte, waren nicht die Dinge, die sie einmal *getan*, sondern jene, die sie *nicht getan* hatten. Es war ein Sammelsurium an verpassten Chancen, an Selbstverleugnungen, nicht stattgefundener echter Nähe zu Menschen, die man eigentlich geliebt hatte, und an Beziehungen (nicht nur zu Partnern), die trotz großer Gefühle aus gekränktem Stolz, Verletzung, Scham oder Angst aufgegeben wurden. Es ging um Schmerz, Traurigkeit, die Unwiederbringlichkeit des Geschehenen und die Verzweiflung darüber. Und immer wieder um den Mut, der gefehlt hatte, sodass all das passieren konnte.

Egal, an welchem Punkt in der Liebe du dich gerade befindest: Stehe zu dir und zu deinen Gefühlen, dir selbst und anderen gegenüber. Hab keine Angst, deinen eigenen Weg zu gehen, denn er ist der richtige. Mutig zu sein, ist nicht immer einfach, es kann unbequem, turbulent und anstrengend werden, aber es führt dazu, dass du DU bist. Und das wird mit Lebensglück belohnt.

PS für dein Herz:

Gefühle sind nichts, wofür du dich schämen musst – niemals! Nur, wenn du dich selbst authentisch zeigst, können echte Begegnungen und echte Nähe mit anderen Menschen entstehen. Veränderungen können dir Angst machen, aber ohne sie ist kein Fortschritt möglich. Du schaffst das!

7.

»Warum gebt ihr so schnell auf?«

Liebst du an guten und an schlechten Tagen?

Den Großteil dieses Buches habe ich in einem Café am Berliner Schlachtensee geschrieben. Ich weiß auch nicht, woran es liegt, aber ich kann mich zwischen plaudernden Menschen besser konzentrieren als allein zu Hause an meinem Schreibtisch. Ich habe Kopfhörer in den Ohren, spiele eine schöne Playlist ab und tippe zwischen Kaffeeduft und einem leisen Stimmengewirr vor mich hin – sofern ich nicht gerade gedankenverloren ins Leere schaue und über irgendeine Formulierung nachdenke. Von außen betrachtet mag es dann so aussehen, als würde ich ein Päuschen machen. Und da es in »meinem« Café recht eng ist und die Sitznachbarn einem ohne Probleme auf den Bildschirm schauen können, kommt es immer wieder vor, dass mich in so einem Moment jemand anspricht: »Entschuldigen Sie, ich möchte Sie nicht stören. Aber darf ich fragen, was Sie da machen? Schreiben Sie ein Buch?« Auf diese Weise habe ich in den vergangenen Monaten viele nette Leute kennengelernt: eine Drehbuchautorin, einen Produzenten von Filmmusik, eine ehemalige Grundschullehrerin, einen Schauspieler und seine Frau, zwei lustige amerikanische Austauschstudentinnen. Und Käthe.

Ich arbeitete gerade an meinem Kapitel über Thomas. Meinen Sitzplatz hatte ich an diesem Tag auf einem Barstuhl hinter dem Fenster gefunden, an der nur von der Eingangstür unterbrochenen Theke. Schon längere Zeit saß eine ältere Dame neben mir, die einen Cappuccino trank und ein Stück des köstlichen veganen Schokoladenkuchens aß, der hier verkauft wird. Sie war mir bereits aufgefallen, weil es einfach herrlich war, wie sehr sie jede Gabel ihres Kuchens genoss. Nur alle paar Minuten steckte sie sich ein Eckchen in den Mund, ließ es sich langsam auf der Zunge zergehen und schaute dabei versonnen auf die an diesem Tag nur wenig belebte Straße vor dem S-Bahnhof, die in goldenem Herbstlicht leuchtete. Dann nahm sie einen kleinen Schluck ihres Kaffees, strich sich die üppigen, kinnlangen grauen Haare aus dem Gesicht und machte einen vollkommen zufriedenen Eindruck, ehe sie den Ablauf wiederholte. In Achtsamkeit, dachte ich, brauchte sie ganz sicher keine Nachhilfestunden. Sie war schon ganz im Augenblick.

Da mein eigenes Getränk irgendwann zur Neige ging und ich mich ohnehin erst einmal daran erinnern musste, welche Formulierungen Thomas damals benutzt hatte, nahm ich meine Ohrenstöpsel raus und griff nach meiner Handtasche, um mein Portemonnaie herauszukramen. In diesem Moment beugte sich Käthe in einer dezenten Geste zu mir herüber. »Ich will Sie nicht bei der Arbeit stören«, sagte sie höflich und legte sich eine Hand auf den Brustkorb, »aber ich habe vorhin die Überschrift des Textes auf Ihrem Computer gesehen und mich gefragt, ob Sie wohl ein Buch über die Liebe schreiben?« Sie lächelte mich an und indem sie sich sofort wieder zurücklehnte, signalisierte sie mir, dass es wirklich nur eine vorsichtige Frage war – sie wollte auf keinen Fall aufdringlich wirken. Ich nickte schnell und antwortete freundlich: »Ja, genau, das mache ich. Das hier ist aber erst das fünfte von zehn Kapiteln, ein bisschen was habe ich noch vor mir …« – »Ach kommentierte Käthe strahlend, »das ist ja vielleicht spannend! Und wie kommen Sie dazu? Sind Sie eine Schriftstellerin? Wird das ein Roman?« Ich schüttelte schmunzelnd den Kopf. »Nein, nein. Ich bin Sachbuchautorin. Ich habe eine Agentur, die Menschen bei Problemen mit der Liebe hilft. Und ich schreibe über diese Arbeit.« Käthe machte eine neugierige Miene. »Eine Agentur, die Menschen bei ihren Problemen mit der Liebe hilft? So etwas gibt es? Wie interessant!« Sie nahm einen kleinen Schluck von ihrem Cappuccino. »Also ist das so eine Art, hm, Paartherapie?« – »Nein, nein«, entgegnete ich, »wir arbeiten zwar auch mit Paaren, aber in erster Linie mit Einzelpersonen. Wenn jemand Liebeskummer hat zum Beispiel oder in einer Affäre steckt oder unfreiwillig single ist.« Ihr Gesichtsausdruck war nun regelrecht verzückt. »Also, was es heute alles gibt! Das finde ich so klasse! Wenn ich jetzt also unglücklich verliebt oder mit der Nachbarin betrogen worden wäre, dann könnte ich zu Ihnen kommen und Sie würden mir helfen?« Ich musste lachen. »Genau, ich würde es zumindest versuchen, ja.« – »Was für eine tolle Arbeit!« Käthe sagte das laut und klang dabei vollkommen aufrichtig. »Und, entschuldigen Sie, ich lasse Sie sofort wieder in Ruhe arbeiten, aber muss man ein akutes Problem mit der Liebe haben, um zu Ihnen zu kommen? Oder könnte man das auch einfach mal so machen, um gemeinsam mit jemandem, der sich mit diesen Dingen gut auskennt, seine Gedanken zu sortieren …?« Ich überlegte kurz. »Ehrlich gesagt kommen bisher nur Menschen, denen es nicht gut geht und die sich ganz konkrete Hilfe von uns wünschen. Aber grundsätzlich spricht nichts dagegen, uns auch als Gedankensortierer zu nutzen, würde ich sagen.« – »Wundervoll«, freute Käthe sich. »Vielleicht wäre das etwas Schönes für mich. Könnte ich es mir einmal durch den Kopf gehen lassen und dann vielleicht einen Termin mit Ihnen vereinbaren? Sie sind doch hier in Berlin?« – »Ja, ja, das sind wir«, bestätigte ich. »Allerdings biete ich selbst aktuell gar keine Praxistermine an.« Ich deutete entschuldigend auf meinen Laptop. »Das schaffe ich momentan leider nicht. Aber ich habe wundervolle Kolleginnen in meinem Team, die ich sehr empfehlen kann.« – »Ach, verstehe«, erwiderte Käthe und klang beinahe etwas enttäuscht. »Ich hätte mir das mit Ihnen jetzt so gut vorstellen können. Aber ich schaue mal, war ja auch nur eine spontane Idee. Ich bin häufig einfach so dankbar und glücklich, wie es in meinem Leben gelaufen ist mit der Liebe, und manchmal denke ich, dass es angemessen wäre, dem noch mal irgendwie Ausdruck zu verleihen.« Was für ein schöner Satz. Und irgendwie ungewöhnlich. So was hört man verrückterweise ja gar nicht so häufig. Natürlich hatte Käthe mich längst neugierig gemacht. »Was ich Ihnen anbieten könnte«, fuhr ich also fort, »ist, dass wir uns einfach mal hier auf ein Stündchen zusammensetzen, bevor oder nachdem ich schreibe. Das wäre zwar nicht so ein ruhiger und offizieller Rahmen, aber wenn es Ihnen dennoch sinnvoll erscheint, das würde ich hinbekommen. Selbstverständlich ohne Honorar.« Käthe strahlte mich an. »Das klingt großartig! Aber wirklich nur, wenn Ihr Zeitplan es erlaubt. Und wenn ich mich mit Kaffee und Kuchen revanchieren darf. Der Schokoladenkuchen hier ist wunderbar!« – »Das ist er«, bestätigte ich lachend, »aber das brauchen Sie nicht. Ich freue mich immer, etwas über die Liebe zu hören und zu lernen, gerade auch von Menschen mit mehr Lebenserfahrung.« Wir verabredeten uns für die nächste Woche und ich stieg mit einem Lächeln von meinem Barstuhl, um mich in der Schlange für die Getränke anzustellen. Als ich einige Minuten später an meinen Platz zurückkehrte, sah ich Käthe gerade noch draußen vor dem Café die Straße hinunterschlendern.

Am Mittwoch der darauffolgenden Woche hatte ich schon recht früh einen der gemütlichen Ecktische bezogen und bereits zwei Seiten geschrieben, als Käthe das Café betrat. Ich winkte ihr, wir bestellten Getränke und Kuchen und nahmen dann zusammen Platz. »Ich muss zugeben«, begann ich das Gespräch, »dass ich schon ganz gespannt bin, was Sie zu erzählen haben. Das klang ja richtig verheißungsvoll. Gerade für jemanden wie mich, der meist eher von traurigen Seiten der Liebe hört.« Käthe freute sich offensichtlich über meine kleine Einleitung. »Ja, ich habe in den letzten Tagen auch ganz viel darüber nachgedacht, was ich genau mit Ihnen besprechen möchte. Man hört immer von so viel Schlechtem in der Welt. Dabei gibt es doch auch so viel Gutes. Und manchmal denke ich, es kommt im Leben vor allem darauf an, was von beidem man sehen will.« Da konnte ich Käthe nur zustimmen. »Wie ist denn Ihre Beziehungssituation, wenn ich fragen darf? Sind Sie verheiratet, verwitwet, alleinstehend?«, erkundigte ich mich. »Sie dürfen«, Käthe lächelte. »Ich bin seit fünf Jahren verwitwet. Ich nenne das so, obwohl ich eigentlich nie offiziell verheiratet war. Ich hätte das zwar gern gemacht, heiraten, aber ich war fünfzig Jahre lang mit einer Frau, mit meiner wundervollen Frau, liiert. Die gleichgeschlechtliche Ehe kam für uns leider knapp zu spät.« Mein erster spontaner Gedanke dazu war: Das passt so gut! Ihre offene Art, ihr Selbstbewusstsein, die Zufriedenheit, die sie ausstrahlte. Ich hatte vermutlich eine Frau vor mir, die ihren eigenen Weg gegangen war – in einer Zeit, in der das alles andere als einfach und selbstverständlich gewesen sein musste. »50 Jahre, wow, toll«, kommentierte ich. »Wenn ich das mit meinem Mann noch schaffen möchte, muss ich mindestens 87 werden.« Wir lachten. »Ich drücke beide Daumen«, sagte Käthe. »Aber wissen Sie was? Eigentlich sind die Jahre rückblickend vergangen wie im Flug.« – »Ja, das Gefühl kenne ich, schon jetzt«, bestätigte ich. »Erzählen Sie mir doch ein bisschen mehr von Ihnen und – wie hieß Ihre Frau?« – »Edith«, antwortete Käthe. »Sie hieß Edith. Als wir Kinder waren, habe ich mir aber angewöhnt, sie Eddi zu nennen, und das hat später oft zu lustigen Situationen geführt. Wenn ich irgendwo angekündigt habe, dass ich Eddi mitbringe, dachten die Leute meist, Eddi sei mein Mann und haben dann« – sie zog die Augenbrauen nach oben – »große Augen gemacht.« Wir lachten. »Ich kann Ihnen unmöglich unsere ganze Geschichte erzählen und was es bedeutet hat, im 20. Jahrhundert ...« Sie brach mitten im Satz ab. »Oh Gott, das klingt so uralt, 20. Jahrhundert!«, kommentierte sie sich selbst. »Wissen Sie, was noch viel schlimmer klingt?«, erwiderte ich grinsend. »Wir sind beide im letzten Jahrtausend geboren worden!« Wir mussten laut lachen. »Also«, setzte Käthe dann wieder an, »ich kann Ihnen unmöglich alles erzählen und was es bedeutet hat, im 20. Jahrhundert ein lesbisches Paar zu sein. Obwohl ich dazu natürlich viel zu sagen hätte. Aber dann sitzen wir tagelang hier. Edith und ich kannten uns schon seit der Volksschule, hier in Berlin-Zehlendorf, da waren wir sieben Jahre alt.« Sie machte eine Geste, die das Café und die Gegend einschloss. »Als Kinder waren wir beste Freundinnen. Dass wir uns noch auf eine andere Art lieben, haben wir erst mit Anfang zwanzig gemerkt, da hatte Eddi schon eine gescheiterte Verlobung hinter sich und ich einige Männer kennengelernt, die sich an mir die Zähne ausgebissen hatten.« Sie schüttelte den Kopf. »Wissen Sie, so was wie Homosexualität zwischen Frauen, das gab es in unserer kleinen Welt damals gar nicht. Ich habe zwar immer gemerkt, wie sehr Edith mir fehlte, wenn wir uns mal längere Zeit nicht sehen konnten, und dass ich auch irgendwie eifersüchtig auf ihren Mann war. Aber was das bedeutete, habe ich«, sie legte sich die Rechte auf den Brustkorb, »ganz ehrlich erst begriffen, als wir uns das erste Mal küssten.« – »Das kann ich mir total gut vorstellen«, entgegnete ich nickend. »In welchem Jahr war das in etwa?« Käthe musste nicht eine Sekunde lang nachdenken. »Das war 1967. Am 15. September. Und seitdem waren wir auch ein Paar.« Ich konnte mir ein gerührtes Seufzen nicht verkneifen. Doch Käthe winkte ab. »Ich weiß, das klingt fürchterlich romantisch und das war es natürlich auch«, sagte sie, »aber es ist trotzdem nur die eine Seite der Medaille. Wir hatten in all den Jahren nämlich auch viele Krisen. Und genau darüber wollte ich mit Ihnen reden.« Wie spannend. Damit, dass es in diesem Gespräch nun doch – oder zumindest auch – um Kummer mit der Liebe gehen würde, hatte ich tatsächlich nicht gerechnet. Käthe griff zu ihrer Tasse, in der sich heute Tee anstelle von Cappuccino befand. »Gerade in den ersten Jahren hat unsere Umwelt es uns wirklich nicht leicht gemacht«, erklärte sie. »Meine Eltern konnten überhaupt nicht akzeptieren, dass ich eine Frau liebe. Von einem auf den anderen Tag war Eddi, die sie vorher so gemocht hatten, für sie eine Persona non grata. Sie durfte nicht mehr zu den Sonntagsbesuchen in mein Elternhaus kommen und mein Vater verbreitete das Gerücht, dass sie in die Psychiatrie gehöre. Meine Mutter wollte mich einmal sogar für Elektroschocks zu einem Arzt schicken, damit ich geheilt werde.« Ich atmete betroffen aus. »Grausam, so was habe ich von einem schwulen Freund auch schon einmal gehört.« Käthe zuckte die Schultern. »Meine Eltern haben es nicht böse gemeint, das weiß ich heute, aber damals war es sehr, sehr schwer. Und Sie können sich vorstellen, für wie viel Zündstoff all das zwischen Eddi und mir gesorgt hat. Wir waren selbst noch so unsicher mit unserer Rolle als lesbische Frauen und hatten kaum reale Vorbilder oder Kontakte, an denen wir uns hätten orientieren können. Da fragt man sich zwischendurch schon mal, ob es das alles wert ist. Zum Glück haben wir das beide mit Ja beantwortet.« Sie zwinkerte mir zu. »Diese erste, schwierige Phase hat sicher vier oder fünf Jahre gedauert. Irgendwann haben unsere Familien sich einigermaßen beruhigt und wir hatten unsere erste Probe als Paar überstanden. Aber dann kam bald schon das nächste Thema: Eddi hat sich immer Kinder gewünscht, schon seit ich sie kenne. Und je näher wir der dreißig kamen, umso intensiver wurde dieser Wunsch. Ich hätte mir schon auch vorstellen können, Mutter zu sein, wirklich, aber habe mich immer gefragt, wie wir das hätten machen sollen. Irgendwie eins zu kriegen, das wäre die eine Sache gewesen. Aber ein Kind ohne Vater, mit zwei Müttern? Das wäre in unserer Zeit ein Außenseiter geworden, über den alle geredet und den oder die sie vielleicht sogar schlecht behandelt hätten, das kam für mich einfach nicht infrage. Eddi konnte das überhaupt nicht verstehen. Das war die zweite wirklich große Krise für uns.« Für einen Augenblick schien sie im Stillen an irgendeiner Erinnerung festzuhängen. »Wir können beide ziemlich hitzköpfig sein, wenn es drauf ankommt, müssen Sie wissen. Also, konnten wir, vor allem als jüngere Frauen.« Es rührte mich, wie Käthe im Präsenz von Edith sprach. Ihre Frau war zwar verstorben, aber doch nicht weg. »In ganz heftigen Momenten solcher Auseinandersetzungen konnte ich sogar meine Liebe für Eddi kaum noch spüren. Fürchterlich war das. Ich denke, viele andere hätten in diesem Augenblick aufgegeben. Manche Freunde rieten uns sogar dazu. Da hat es sich rückblickend wirklich gelohnt, dass wir schon gelernt hatten, nicht so viel auf die Meinung der anderen zu geben …« Sie schmunzelte. »Wobei der Wunsch nach einem eigenen Kind natürlich schon etwas sehr Existenzielles ist«, warf ich ein. »Darauf zugunsten einer Partnerschaft zu verzichten, kann viel Schaden anrichten.« Käthe nickte ernst. »Ja, natürlich! Aber auch ohne mich wäre es für Eddi ja schwer geworden mit einer Mutterschaft, als alleinstehende oder liierte homosexuelle Frau. Da hätte sie sich schon mit einem Mann zusammentun müssen …« – »Auch keine gute Idee«, kommentierte ich nachdenklich. »Genau.« Käthe lächelte. »Eddis Sehnsucht nach einem Kind hat sich einige Jahre später zum Glück noch erfüllt. Ihre Schwägerin bekam nur ein Jahr nach der Geburt ihres ersten Sohnes Zwillinge, Frühchen, und war froh, dass jemand da war, der sich um den Großen kümmern konnte. Eddi war für ihren Neffen ihr Leben lang viel mehr als eine Tante.« – »Wie schön«, freute ich mich aufrichtig und nahm den ersten Bissen von meinem Kuchen. Vor lauter Erzählen und Zuhören hatten Käthe und ich ihn vollkommen vergessen. »Wir hatten dann viele sehr schöne und harmonische Jahre«, fuhr sie fort. »Bis nach der Wende. Da bot sich mir die Chance, für einige Zeit beruflich nach New York zu gehen. Abgesehen von vielen Reisen hatten wir unser Leben bis dahin ja hier in Westberlin verbracht.« »Was haben Sie beruflich gemacht, wenn ich fragen darf?«, erkundigte ich mich. »Ich war Dolmetscherin und Übersetzerin. Deutsch-Russisch und Deutsch-Englisch. In meiner USA-Zeit habe ich viele große Politiker kennengelernt. Das war spannend. Aber es bedeutete auch, dass Edith und ich fast zwei Jahre lang eine Fernbeziehung führen mussten und uns nur alle paar Monate sehen konnten. Das erste Mal in unserer Partnerschaft haben wir uns weit weg voneinander gefühlt, nicht nur räumlich.« – »Ja, das höre ich häufig«, bestätigte ich. »Sogar heute mit all den technischen Möglichkeiten.« Käthe nickte. »Genau, videotelefonieren, Fotos mit dem Handy hin- und herschicken und so etwas, davon waren wir damals noch meilenweit entfernt. Und dann kam auch noch die Zeitverschiebung hinzu. Eddi hatte große Probleme damit, mich in so einer aufregenden Stadt zu wissen, in der die homosexuelle Szene ja auch viel weiter und offener war als bei uns in Berlin. Sie war oft eifersüchtig.« Sie griff in die Tasche ihres Mantels, den sie auf die Rückenlehne ihres Stuhls gehängt hatte, und zog ihr Handy heraus. »Ich könnte Ihnen ja mal ein Bild zeigen, wenn Sie möchten?« Ich freute mich. »Ja, unbedingt.« Sie beugte sich über ihr Telefon und drehte das Display dann zu mir herum. »Das war 1969.« Ich sah ein abfotografiertes Schwarz-Weiß-Bild von zwei jungen Frauen, die nebeneinander am Ufer eines Sees standen und in die Kamera strahlten. Beide trugen ausgestellte Kleider mit Blumen- und Punktemotiv, wie sie in den 60er-Jahren typisch waren. Die Linke hatte eine wilde, blonde Mähne, die durch einen Haarreif gezähmt wurde – heute noch als Käthes dichtes graues Haar wiederzuerkennen. Edith neben ihr war etwas kleiner, mit einem schelmischen, sympathischen Gesichtsausdruck. »Sie beide sahen toll zusammen aus!«, kommentierte ich spontan. »Danke«, sagte Käthe und blickte auf ihr Telefon. »Eddi war wunderschön, ist sie auch immer geblieben, bis ins hohe Alter. Schauen Sie mal, hier.« Sie hatte mit ein paar Klicks ein neues Bild geöffnet. Diesmal war die Käthe zu sehen, wie ich sie gerade vor mir hatte. Sie saß mit einer Frau gleichen Alters, die sehr schmal, aber noch immer auffällig hübsch war, an einem üppig gedeckten Frühstückstisch. Beide prosteten mit einem Sektglas. »Das war kurz vor Eddis Tod. Wir wussten, dass sie sterben würde, aber wir haben es uns bis zum Schluss gut gehen lassen.« Ihre Lippen bebten, Tränen stiegen in ihre Augen. Ich schaute sie ruhig und aufmerksam an. »Wie wundervoll, dass Sie das so machen konnten, das ist so kostbar.« Käthe erwiderte meinen Blick für einige stumme Sekunden und wischte sich dann mit dem Zeigefinger durch beide Augenwinkel. »Ja, das ist es, wirklich. Schmerzhaft, noch immer, aber so kostbar.« Wir schauten noch eine Weile auf das Display, dann ließ sie ihr Handy wieder in ihrer Manteltasche verschwinden. »Aber nun zurück in die 90er-Jahre«, fuhr sie mit wieder fester Stimme fort. »Als ich nach meiner Zeit in New York zurück in Berlin war, fiel es uns eine Weile nicht leicht, uns wieder richtig zusammenzuruckeln. Nach unserer schwierigen Anfangsphase und der ganzen Kindersache war das eigentlich unsere dritte ernsthafte Krise. Eddi konnte nicht verstehen, dass ich mit Mitte vierzig den Wunsch hatte, beruflich noch mal richtig etwas auf die Beine zu stellen – ich habe mich damals mit einer eigenen Dolmetscheragentur selbstständig gemacht und weiter viel gearbeitet.« Sie schmunzelte. »Zu dieser Zeit waren wir wie ein klassisches Hetero-Paar: Er kommt abends immer spät von der Arbeit und ist k.o. Und sie ist enttäuscht, weil sie lang auf ihn gewartet hat und nichts mehr mit ihm anzufangen ist. Auseinandergelebt würde man das nennen, denke ich. Aber auch das haben wir irgendwann hingekriegt.« – »Wie ist Ihnen das gelungen?« Käthe dachte kurz nach. »Hm. Wir haben immer viel miteinander geredet. Und uns auch wirklich bewusst gemacht, was wir schon alles zusammen geschafft hatten. Das Gute zwischen uns gesehen, sogar in den schlechten Zeiten. Nach ungefähr zwei Jahren, als der größte Stress vorbei war, haben wir uns quasi einfach wieder zusammengelebt.« Sie legte die Hände vor dem Brustkorb aneinander. »Die letzten zwanzig Jahre waren – abgesehen von kleineren Streitereien und ab und zu mal ein bisschen ge-

meinsamer Langeweile – einfach nur noch wunderschön!«
Käthe wirkte jetzt regelrecht selig. Sie strich sich die Haare
hinter die Ohren, lehnte sich in ihrem Stuhl zurück und
nahm endlich einen zweiten Schluck Tee, der inzwischen
längst kalt sein musste. Das erste Mal, seit wir hier saßen,
schwiegen wir für einige Momente.

»Was für eine schöne Geschichte. Eine richtige Love-
story«, sprach ich dann meine Gedanken laut aus. »Das
empfinde ich auch so«, stimmte sie mir sofort zu und ergänzte mit Nachdruck: »Und zwar, gerade weil bei uns
nicht alles perfekt war. Und weil es mindestens diese drei
Situationen gab, in denen unsere Beziehung auf der Kippe
stand – aber wir es trotzdem geschafft haben.« Sie schaute
sich im Café um. »Wenn ich die jungen Leute heute so
sehe, frage ich mich oft: Warum gebt ihr so schnell auf?
Ich lese immer wieder von den vielen Scheidungen und
dass es heute immer mehr Singles gibt und von Dating-
börsen und diesem ganzen neumodischen Kram. Manchmal habe ich das Gefühl, dass die jüngeren Generationen
denken, eine Partnerschaft müsste immer glücklich und
perfekt sein und man sollte jahrzehntelang Schmetterlinge im Bauch haben. Aber das stimmt doch nicht! Das
ist doch blauäugig!« Sie beugte sich ein Stück nach vorn
über den Tisch. »Beziehungen haben Täler und Berge.
Mal läuft es nicht so gut, dann ist einem langweilig, man
streitet sich, findet den anderen blöd oder es wird einem
alles zu viel. Aber wenn man das zusammen durchmacht,
Durststrecken übersteht, sich selbst nicht zu ernst nimmt,

dann kommt doch auch wieder eine Zeit, in der es schön ist. Meiner Erfahrung nach schöner, als es vorher je war. Weil jede Krise einen noch näher zusammenbringt. Auf jedem neuen Berg sitzt man ein bisschen enger beisammen und kann runterblicken auf das Tal, das man Seite an Seite wieder geschafft hat. Diesen einzigartigen Ausblick wird man nie haben, wenn man sich immer gleich trennt.« Sie schüttelte energisch den Kopf. »Wenn ich mir vorstelle, Eddi und ich hätten aufgegeben. Dann hätte ich so viel Nähe und Dankbarkeit gar nicht erleben dürfen.« Sie sprach jetzt langsamer. »Wir haben ein ganzes Leben geteilt. Kein anderer Mensch kennt und versteht mich so gut wie sie. Sie war mein Zuhause.« Diesmal war ich es, der beinahe die Tränen kamen. »Eine schönere Liebeserklärung könnten Sie Eddi gar nicht machen, Käthe«, sagte ich gerührt. »Und natürlich haben Sie recht. Viele Menschen sehen leider nicht, dass es einen Wert an sich haben kann, auch schwierige Zeiten zusammen durchzustehen. Weil uns häufig aber auch etwas anderes suggeriert wird.« Käthe nickte. »Es ist ja auch wirklich leichter, einfach zum Nächsten zu gehen.« Sie lächelte. »Entschuldigen Sie, Frau Sohn, ich wollte mich gar nicht so in Rage reden. Aber dieses Thema beschäftigt mich schon lang. Und gerade deshalb fand ich es auch so toll, die Chance zu bekommen, mit Ihnen darüber zu sprechen. Sie hören doch viele Geschichten. Wie würden Sie das denn ganz allgemein sehen – ist es besser zusammenzubleiben, auch wenn es schwierig wird, oder raten Sie eher zur Trennung?« Gespannt schaute sie mich an. Ich wiegte den

Kopf. »Tja, das ist gar nicht so leicht zu sagen. Denn natürlich gibt es Fälle, in denen eine Trennung der bessere Weg ist. Wenn Gewalt im Spiel ist, man unentwegt streitet oder den anderen von Anfang an gar nicht geliebt hat zum Beispiel. Und es ist auch eine Typ-Sache irgendwie. Manchen liegt es mehr, von Verliebtheit zu Verliebtheit zu springen, sie haben vielleicht sogar etwas Angst vor diesem *Zuhause*-Gefühl, das Sie gerade geschildert haben. Aber ja, in den meisten Fällen versuchen wir tatsächlich, die Menschen oder die Paare, die zu uns kommen, eher darin zu bestärken, gemeinsam an ihren Problemen zu arbeiten. Ich bin eine ganz große Verfechterin von Paartherapie.« Das fand Käthe toll. »Klasse!«, sagte sie. »Das machen Sie richtig!« Sie hielt einen Daumen hoch. »Ich habe Ihnen ja bei unserem Kennenlernen schon gesagt, dass ich manchmal darüber nachdenke, wie ich meiner Dankbarkeit für die Liebe in meinem Leben noch einmal Ausdruck verleihen könnte. Auch Eddi hat uns in unseren schweren Phasen nie aufgegeben, da gehören ja immer zwei dazu.« – »Woran denken Sie, haben Sie schon eine Idee?«, wollte ich wissen. Käthe lächelte verschmitzt. »In drei Jahren werde ich 80, da wäre auch Eddi 80 geworden. Ich weiß, es klingt etwas verrückt, aber ich habe überlegt, ob ich dann eine Party in unser beider Namen mache. Eddi hätte das gefallen. Und ich lade lauter junge Leute ein und erzähle ihnen, wie schwer wir es manchmal hatten und wie glücklich wir trotzdem waren. Egal, ob sie es hören wollen oder nicht!« Wir mussten laut lachen. »Das finde ich eine spitze Idee!«, sagte ich, während mir plötzlich ein Gedanke kam. »Käthe, vielleicht hätte ich noch einen Vorschlag für Sie. Und Sie dürfen auf jeden Fall Nein sagen! Wirklich!« Ich untermauerte meine Worte mit einem Nicken. »Was würden Sie davon halten, wenn ich in meinem Buch über Sie beide schreibe?« Ich deutete auf mein Laptop, das auf einer Bank neben dem Tisch lag. Käthe schaute mich ungläubig an. »Meinen Sie das ernst?«, fragte sie erstaunt. »Ja, absolut. Das ist ein ganz wichtiges Thema und ich könnte es ja niemals so authentisch beschreiben wie Sie.« Sie strahlte. »So gern, Frau Sohn! Wie machen wir das? Brauchen Sie noch mehr Informationen von mir?« Ich schüttelte den Kopf. »Nein, ich denke eigentlich nicht. Es ist alles gesagt.«

Nicht selten kommt es vor, dass Klienten mich im Rahmen unserer Gespräche ganz direkt fragen: »Elena, soll ich gehen oder bleiben? Mich trennen oder weitermachen?« Gründe dafür gibt es viele: Heftige Konflikte belasten ihre Partnerschaft, sie haben sich fremdverliebt, monate- oder jahrelang keine Intimität mehr mit ihrem Partner erlebt. Oder es sind scheinbar einfach keine Gefühle mehr vorhanden und der andere geht ihnen im täglichen Miteinander nur noch auf die Nerven.

Soll ich gehen oder bleiben? Das ist eine große, eine riesige, eine alles entscheidende Frage. Und selbstverständlich kenne auch ich die passende Antwort für mein jeweiliges

Gegenüber nicht. Aber: Ich kann sie oder ihn dabei unterstützen, eine eigene Lösung zu finden – indem ich die richtigen Gegenfragen stelle:

- Gibt es äußere Umstände, die zu euren Problemen und damit deinen Zweifeln beitragen? Zum Beispiel Stress, kleine Kinder, finanzielle Sorgen, räumliche Distanz, Konflikte mit Familie oder Freunden?

- Wenn du dir vorstellst, all diese äußeren Umstände könnten ausgeräumt werden – würdest du dann noch immer über eine Trennung nachdenken?

- Gibt es rote Linien, die innerhalb eurer Partnerschaft überschritten werden, vor allem in Form von physischer oder psychischer Gewalt?

- Was erhoffst du dir, was nach einer Trennung / in einer neuen Beziehung besser werden würde? Für wie realistisch hältst du das und was würdest du selbst dazu beitragen wollen?

- Was trägst du zum Gelingen und zum Glück in deiner jetzigen Partnerschaft bei?

- Gibt es noch Momente, in denen du Liebe für deinen Partner empfindest? Kannst du noch verstehen, weshalb du dich in deinen Partner verliebt hast?

- Bist du deinem Partner noch gern körperlich nah?

- Kennst du vielleicht andere Paare, die in einer ähnlichen Lebenssituation vergleichbare Probleme haben oder hatten?

- Hast du schon einmal erlebt, dass eine Partnerschaft an einer Krise wachsen konnte? Bei dir selbst oder im Familien- oder Freundeskreis?

- Was würdest du einer lieben Freundin / einem Freund / deinem erwachsenen Kind in der gleichen Situation raten?

- Haben dein Partner und du bereits ernsthaft gemeinsam versucht (ggf. auch mit professioneller Hilfe), eure Probleme zu lösen? Wärst du dazu bereit? Wäre er/sie dazu bereit?

- Sind gemeinsame Kinder von einer potenziellen Trennung betroffen?

- Wenn du dir vorstellst, du hast dich von deinem Partner getrennt und blickst ein Jahr später auf euch zurück – wie geht es dir dabei? Bist du traurig, erleichtert, vermisst du ihn/sie oder nicht?

Häufig glauben wir, wir hätten ein Problem mit unserem Partner, das nur durch eine Trennung zu lösen wäre – und übersehen dabei, dass es eigentlich äußere Umstände, ein Mangel an Kommunikation und Engagement in der Beziehung oder allgemein unrealistische Vorstellungen von Partnerschaften sind, die für unsere Schwierigkeiten sorgen.

Anders als Generationen vor uns haben wir heute das Glück, frei entscheiden zu können, ob wir in einer Beziehung bleiben wollen oder nicht. Alte Abhängigkeiten wurden durch die Emanzipation größtenteils ausgeräumt, Scheidung und Trennung sind längst kein Makel mehr, sondern gesellschaftlich vollkommen akzeptiert. Wir können also jederzeit auseinandergehen, wenn es schwierig wird. Aber, und das vergessen wir vielleicht beinahe: Wir müssen es nicht! Denn natürlich ist es schön, sich immer wieder neu zu verlieben, voll von Dopamin zu sein und viele verschiedene Beziehungskonstellationen mit ihren ganz eigenen Dynamiken, Gemeinsamkeiten und Unterschieden kennenzulernen – aber es ist mindestens genauso gut (und manchmal vielleicht sogar noch schöner), mit dem einen Menschen an seiner Seite durch dick und dünn zu gehen. Sich aufeinander verlassen zu können, komme, was möge. Sich gegenseitig ein echtes Zuhause zu sein. Und gemeinsam zurückzublicken und zu erkennen, wie man aneinander und miteinander gewachsen ist.

PS für dein Herz:

Wir können uns heutzutage trennen, wenn eine Partnerschaft schwierig wird – aber vergiss nicht: Wir müssen es nicht! Probleme und Konflikte wird es in jeder Beziehung geben. Und auch dich selbst nimmst du in jede Partnerschaft mit. Wenn du an deiner Partnerschaft zweifelst, wirf sie nicht vorschnell weg, sondern prüfe, ob es zwischen euch den gemeinsamen Wunsch gibt, etwas zu verbessern. Denn dann kann es sich sehr lohnen, zusammen um euch zu kämpfen.

8.

»Was ist bloß verkehrt mit mir?«

Liebst du auch dich selbst?

Als ich Die Liebeskümmerer im Jahr 2011 gegründet habe, sah unser Angebot noch ein wenig anders aus als heute: Ich hatte mich auf Gruppenreisen mit psychologischer Begleitung für Menschen mit Liebeskummer spezialisiert und organisierte zusätzlich in einigen deutschen Städten »Stammtische« für Betroffene. Geboren war dieses Konzept aus der Überzeugung, dass der Kontakt mit Leidensgenossen in einer solchen Lebenskrise einen besonderen heilsamen Effekt hat – weil man zum einen merkt, dass man mit seinem Schmerz nicht allein ist, und außerdem bei anderen häufig besser als bei sich selbst erkennt, was gegen den Kummer helfen würde. So spiegelt und stützt man sich gegenseitig.

Inhaltlich ging diese Idee auch vollkommen auf: Während unserer Reisen und Selbsthilfetreffen wurden damals nicht nur gebrochene Herzen geheilt, sondern teilweise Freundschaften fürs Leben geschlossen. Was ich jedoch unterschätzt hatte, war die Hemmschwelle für viele Frauen und Männer, sich mit ihrem Kummer überhaupt in einer Runde von Fremden zu zeigen. Mit Menschen, die man nicht kannte, darüber zu sprechen, dass man verlassen oder gar betrogen worden war, die eigenen Gefühle für jemand anderen nicht erwidert wurden oder man seit Jahren nicht vom Ex-Partner loskam? Der Gedanke schreckte viele ab. Zu groß waren Scham, Unsicherheit und die Sorge, bloßgestellt zu werden.

Die Konsequenz war, dass auf Dauer leider viel zu wenige Reisebuchungen und Anmeldungen für die Gruppen eingingen, um die Existenz meines kleinen Unternehmens zu ermöglichen. Gleichzeitig war ich mir jedoch sicher, dass diese geringe Nachfrage nichts damit zu tun haben konnte, dass es grundsätzlich keinen Bedarf für die Dienstleistung der Liebeskümmerer gab. Ich musste einfach nur ein passenderes Angebot schaffen, mit dem es den Betroffenen leichter fallen würde, unsere Unterstützung, trotz des intimen und oft so eng mit dem eigenen Selbstwert verknüpften Themas, in Anspruch zu nehmen. So entstand nur wenige Monate nach der Gründung der Ansatz, Menschen im kleinsten, diskreten Rahmen, unter vier Augen, zu beraten. Augenblicklich stiegen unsere Klientenzahlen. Insbesondere in den letzten vier bis fünf Jahren und beschleunigt durch die Coronakrise stellen wir zudem fest, dass die gesellschaftliche Offenheit gegenüber psychologischen Dienstleistungen ganz allgemein zunimmt. Nie hatten wir mehr zu tun als jetzt und ich denke sogar darüber nach, bald auch wieder Reisen zu organisieren. Alles hat seine Zeit. Genau wie in der Liebe selbst. Davon möchte ich dir jetzt erzählen.

Während ich bei den Stammtischen in anderen deutschen Städten ausschließlich als Veranstalterin aus der Ferne auftrat, hatte ich in Berlin die Möglichkeit, an einigen Terminen persönlich teilzunehmen. Sie fanden meist bei einem großen Italiener im Stadtteil Mitte statt, wo es einen separierten Raum gab, in dem wir etwas geschützt sitzen konnten. Der lockere Rahmen, in dem es möglich war, neben dem Gespräch zu essen und zu trinken, war mir damals sehr wichtig – ich wollte das ganze Thema nicht unnötig dramatisch machen oder pathologisieren, indem ich in eine Praxis einlud, sondern klarmachen: Liebeskummer kann jeden treffen und es gibt keinen Grund, sich für irgendetwas zu schämen.

An einem warmen Spätsommerabend im Jahr 2011 saß ich als Erste in besagtem kleinen Separee, die Fenster waren weit geöffnet und von der Straße drangen vereinzelte Windböen, die ein nahendes Gewitter ankündigten, und die Geräusche der Trambahn in den Raum, die direkt vor dem Restaurant verkehrte. Ich hatte mir schon eine Weißweinschorle bestellt, als eine vielleicht 20-jährige Frau in zerrissenen Shorts, Trägertop und Flipflops auf der Türschwelle auftauchte, dort jedoch zögerlich stehen blieb und unsicher zu mir herüberschaute. Die Situation erinnerte ironischerweise ein wenig an ein Blind Date, bei dem man nicht ganz sicher ist, ob man gleich den Richtigen anspricht. »Hallo, kommst du zum Gruppentreffen?«, erkundigte ich mich, um ihr gegebenenfalls die Hemmungen zu nehmen, wobei ich bewusst vermied zu erwähnen, um was für eine Gruppe es sich handelte. Falls sie gar nicht zu uns gehörte, wollte ich die späteren Teilnehmer nicht outen. Ihr Gesicht hellte sich auf: »Liebeskummer?«, fragte sie lächelnd. »Ja, genau.« Ich stand auf, um sie richtig zu begrüßen. »Ich bin Elena von den Liebeskümmerern, ich habe das hier organisiert.« Mit einer Geste lud ich sie freundlich ein, an unserem großen, runden Tisch Platz zu nehmen. »Ach, super, ich bin Sophie«, antwortete sie, während sie einen Stuhl mir gegenüber auswählte. Wir waren gerade im Begriff, uns zu setzen, als schon die nächste Person auf sich aufmerksam machte. »Bin ich hier richtig bei Die Liebeskümmerer?« Sophie und ich schauten gleichzeitig in Richtung der kräftigen, tiefen Stimme, die zu einem großen Mann gehörte. Er war sportlich-elegant gekleidet, mit Chinohose, Slippern und weißem Leinenhemd. Spontan schätzte ich ihn auf um die 50 Jahre. »Ja, genau«, wiederholte ich meine Begrüßung und stellte mich vor, während der Neuankömmling ganz selbstverständlich rechts von mir Platz nahm. »Ich heiße Gunnar«, verkündete er, nickte mir zu und schaute dann Sophie an. Ich weiß nicht, ob Gunnar den gleichen Eindruck hatte, aber auf mich wirkte es, als wäre Sophie für einen Augenblick unsicher, ob sie sich diesem fremden Mann vorstellen wollte. »Ich«, sagte sie und guckte schnell mich, dann den Tisch vor sich und erst anschließend Gunnar an, »ich bin Sophie.« Vielleicht hatte sie damit gerechnet, dass jüngere Leute oder vor allem Frauen zu diesem Treffen kommen würden – nicht aber ein Mann, der auch noch mindestens doppelt so alt war wie sie. »Schön, dass ihr beide hier seid«, bemerkte ich, um die Situation ein wenig aufzulockern. »Ich denke, es kommen noch mehr Leute, aber falls ihr mögt, könnt ihr schon mal überlegen, ob ihr etwas essen oder trinken wollt? Mit dem richtigen Gespräch sollten wir sowieso warten, bis alle da sind, damit niemand etwas verpasst.« Sophie beugte sich sofort tief und konzentriert über eine Speisekarte, während Gunnar keine Anstalten machte hineinzuschauen. »Ich nehme eine Pizza Spinaci und einen Weißwein«, erklärte er lachend. »Ich war schon öfter hier.« »Ach, das ist ja lustig«, antwortete ich. »Das heißt, du magst es hier?« – »Ja, total, und ich wohne gleich um die Ecke.« Er deutete in Richtung Fenster, an dem gerade flatternd eine Zeitungsseite vorbeiflog. »Nur die Straße runter und dann rechts, bin zu Fuß da.« Sophie war weiterhin in die Speisekarte vertieft. »Und du bist die Gründerin von Die Liebeskümmerer? Wie kommt man auf so eine ungewöhnliche Idee, habe ich mich gefragt?« Gunnar sah mich interessiert an. Ich zuckte lächelnd mit den Schultern. »Tja, mich hat es selbst vor einiger Zeit mal richtig schlimm erwischt und ich fand es irgendwann schwierig, immer meinen Freunden und der Familie damit in den Ohren zu liegen. Obwohl ich echt noch viel Redebedarf hatte.« Er nickte. »Ja, das kenne ich. Zumal ich schon seit Jahren die gleiche Leier erzähle. Aber dazu kann ich dann vielleicht gleich mehr sagen.« Gerade wollte ich einen Anlauf unternehmen, Sophie ins Gespräch einzubeziehen, als unser Kellner in Begleitung eines weiteren Mannes um die Ecke kam. Er trug ein hautenges weißes T-Shirt, beinahe genauso enge Jeans, schwarze Lederboots und hatte raspelkurz rasierte Haare. »Schauen Sie mal, hier sitzt Frau Sohn.« Der Kellner wies auf unseren Tisch und der vierte Teilnehmer gesellte sich zu uns. »Boah, was ein Wind draußen!«, sagte er und winkte in die Runde, blieb aber noch stehen. »Hi, ich bin Lukas.« An der Innenseite seines Oberarms kam eine große Tätowierung zum Vorschein, irgendein Schriftzug, den ich spontan jedoch nicht entziffern konnte. »Ich bin 36, schwul und gerade ganz frisch getrennt«, erklärte er unverblümt und reagierte auch gleich noch auf Sophies und Gunnars überraschte Blicke: »Oh, funktioniert das hier etwa gar nicht so?« Er verzog peinlich berührt das Gesicht. Gunnar und ich lachten. »Doch, doch«, beruhigte ich ihn. »Du warst nur etwas schneller als die anderen, aber im Grunde geht es genau so.« Ich deutete auf den freien Stuhl neben mir. »Magst du dich setzen?« Lukas schmunzelte über sich selbst, legte sein Handy und ein Schlüsselbund auf die Tischplatte und nahm Platz.

»Was haltet ihr davon«, fuhr ich fort, »wenn wir jetzt alle erst mal etwas bestellen und, falls dann niemand mehr kommt, eine richtige Vorstellungsrunde machen?« Gunnar und Lukas bedeuteten mir sofort ihre Zustimmung, während Sophie mich – und wirklich nur mich, die beiden Männer ignorierte sie – skeptisch anschaute. »Also. Mir fällt das jetzt nicht so leicht …«, begann sie und ihre Stimme klang brüchig. »Aber ich weiß nicht, ob es mir nicht gerade doch zu viel ist, hier etwas von mir zu erzählen.« – »… weil die anderen beiden zwei alte Männer sind, führte ich ihren Satz in Gedanken fort. Klar, aus Sophies Perspektive mussten Gunnar und Lukas uralt wirken. Und – so vermutete sie bestimmt – in einer komplett anderen Welt leben als sie. Ich erwiderte ihren Blick. »Das muss dir überhaupt nicht unangenehm sein«, versuchte ich, ihr die Unsicherheit zu nehmen. »Im Gegenteil: Ich finde es super, dass du es so offen ansprichst. Wirklich. Jeder von euch sollte hier absolut nur das teilen, womit er oder sie sich wohlfühlt. Und wenn ihr beide«, ich wandte mich an Gunnar und Lukas, »kein Problem damit habt, dass du, Sophie, erst mal oder sogar die ganze Zeit nur zuhörst, wäre das für mich vollkommen in Ordnung.« Lukas winkte sofort ab. »Logisch, kann ja nicht jeder so mit der Tür ins Haus fallen wie ich!« Auch Gunnar schüttelte den Kopf. »Gar kein Thema«, kommentierte er. Sophie schien beinahe ein wenig verwundert, wie locker die anderen beiden mit ihrer Zurückhaltung umgingen. »O.k., cool«, sagte sie langsam und noch einmal »cool«, knabberte an einem Fingernagel, ließ es jedoch sofort wieder und schloss stattdessen ihre Speisekarte. »Dann würde ich Spaghetti Napoli und eine Apfelschorle nehmen.«

Als wir bestellt hatten und auf unser Essen warteten, eröffnete ich unser Treffen offiziell: »Ich mache es gern so, dass jeder, der will, erst mal ganz grob und in wenigen Sätzen erzählt, was ihn heute hierhergeführt hat. Gründe gibt es ja viele.« Die drei schauten mich aufmerksam an. »In so einer kleinen Runde wie unserer können wir natürlich auch gleich etwas ausführlicher starten. Macht es einfach, wie ihr mögt.« Die beiden Männer sahen sich an, Lukas grinste. »Meine Grobvorstellung habe ich ja quasi schon gemacht«, sagte er. »Fang du doch gern an.« Gunnar strich sich mit beiden Händen über die Oberschenkel. »Alles klar, gern«, sagte er dann, was für mich allerdings nicht ganz überzeugend klang. Er richtete sich auf und griff zu seinem Weinglas, nahm einen großen Schluck. »Also. Puh, das ist doch nicht so leicht, wie ich dachte. Also.« Noch ein Schluck Wein. »Ich bin Gunnar, ich bin 49 Jahre alt und seit sechs Jahren geschieden. Ich habe mit meiner Ex-Frau einen 8-jährigen Sohn, der jede zweite Woche bei mir lebt. Gerade ist wieder mal eine erste Woche. Tja, und damit wäre ich auch fast schon beim Thema.« Ein scheinbar unpassendes Lächeln erschien auf seinem Gesicht – ich erlebe das jedoch häufig bei Menschen, die gerade etwas sehr Trauriges oder Persönliches erzählen und nicht zu viel Intimität oder Ernsthaftigkeit und damit auch Verletzlichkeit zulassen möchten. »An den Tagen, an denen mein Kind nicht bei mir ist, habe ich viel Zeit und dann merke ich, wie allein ich mich oft fühle und wie sehr ich mir eigentlich eine neue Frau an meiner Seite wünsche. Meine Ex habe ich längst überwunden, aber seit damals klappt beziehungstechnisch rein gar nichts mehr und das ist echt frustrierend.« Mit den Fingern begann er eine Aufzählung. »Ich habe Parship probiert, Elitepartner, Kontakte aus dem Freundeskreis, Kolleginnen, habe Frauen in Restaurants oder Bars angesprochen. Aber selbst wenn manchmal etwas ganz vielversprechend beginnt, geht es nie lang gut. Und weil bei dir auf der Website«, er deutete in meine Richtung, »stand, dass hier auch Menschen kommen können, die unfreiwillig single sind, habe ich gedacht, das passt doch zu mir. Vielleicht habt ihr ja Tipps, was ich anders machen könnte. Wobei ich damit vielleicht auch total daneben liege, es kommen ja bestimmt viel mehr Leute mit dem, was man sich so allgemein unter Liebeskummer vorstellt.« Gunnar zuckte entschuldigend mit den Schultern, während er sein Weinglas wieder zum Mund führte. Er trank, stellte es vor sich auf den Tisch, schaute auf seine Hände und es entstand ein Moment der Stille, weil alle abwarteten, ob er noch etwas ergänzen wollte. Doch er schwieg.

»Ehrlich, jetzt bin ich gerade richtig baff.« Es war Lukas, der die Pause durchbrach. »Das hätte original auch von mir sein können. Mit dem Unterschied, dass ich kein Kind habe und erst drei Jahre solo bin. Aber sonst genau das Gleiche: Alles probiert, nichts geklappt. Gerade halt wieder so eine gescheiterte Liaison, aber eigentlich bin ich aus dem gleichen Grund hier wie du. Alleinsein ist nichts für mich. Zeeeeero. Und auch ich hätte nicht gedacht, dass ich hier noch mehr Leute wie mich treffe. Daher das Intro mit der Trennung vorhin.« Die beiden Männer, die sich vollkommen fremd waren und optisch kaum unterschiedlicher hätten sein können, sahen einander überrascht an. »Ich will dir nicht zu nahe treten, wir kennen uns ja gar nicht«, setzte Lukas nach, »aber von einem Typen wie dir hätte ich das niemals gedacht. Never. Ich meine, haben die Frauen etwa alle keine Augen im Kopf?« Gunnar lachte. »Sehr nett von dir, danke. Das kann ich nur zurückgeben. Ich fürchte, an fehlenden Augen liegt es wohl bei uns beiden nicht.« Es war superschön zu sehen, dass trotz der kleinen Gruppe an diesem Abend tatsächlich schon zwei Menschen zusammengekommen waren, die – wenn schon nicht beim Daten, dann aber doch hier – spontan so gut matchten.

»Ich kann euch auch beruhigen«, erklärte ich Gunnar und Lukas. »Es kommen wirklich oft Klienten zu uns, weil sie sich einen Partner wünschen und keinen finden. Und das nicht selten über Jahre. Das hat mit optischer Attraktivität erst mal nichts zu tun. Es ist wohl leider auch ein bisschen ein Zeichen unserer Zeit.« Gunnar wirkte ehrlich erstaunt. »Echt jetzt? Dass es superviele Leute gibt, die sich gar nicht erst binden wollen, das hätte ich vermutet. Da muss man sich ja nur diese neue App anschauen, Tinder, oder wie die heißt. Aber wenn man ernsthaft sucht? Und es trotzdem nicht hinhaut?« – »Das ist mir auch superoft passiert«, warf Lukas ein, »dass ich jemanden richtig gut fand und der dann gesagt hat, klar, aber Monogamie und so, das sei nicht sein Ding. Grindr, kennt ihr das, das ist Tinder für Schwule, gibts schon eine Weile länger. Man kommt sich inzwischen fast vor wie ein Neandertaler, wenn man was Festes sucht. Unter Männern ist das, glaub ich, auch noch mal extremer als bei euch Heteros.« – »Na ja«, resümierte ich, »wenn es viele gibt, die nichts Verbindliches suchen, dann reduziert sich natürlich auch der Kreis derer, die überhaupt infrage kommen. Insofern hängt man da allein deshalb schon mit drin. Außerdem führen die vielen Möglichkeiten, die es plötzlich gibt, wohl auch dazu, dass viele Leute immer denken, es könnte ja noch was Besseres kommen und sich deshalb nicht festlegen wollen. Ich kann euch dazu später gern ein paar Studien schicken, das ist wirklich interessant und auch etwas beruhigend. Aber vielleicht wollt ihr beiden erst mal ein bisschen genauer erzählen, woran es bisher konkret gescheitert ist?« In diesem Moment kam unser Kellner mit dem Essen in den Raum. Die kurze Unterbrechung nutzte ich dafür, Blickkontakt mit Sophie zu suchen. »Alles o.k.?«, erkundigte ich mich leise, während Gunnar und Lukas ihre Teller entgegennahmen. Sie nickte. »Ja, ich höre weiter zu. O.k.?« – »Natürlich, mach das.«

Nachdem wir Pizza geschnitten, Parmesan gestreut und Servietten verteilt hatten, knüpfte Gunnar als Erster wieder an unser Gespräch an. »Wenn ihr wollt, erzähle ich gern mal ein bisschen von meinen Erfahrungen«, sagte er und diesmal klang das »gern« im Unterschied zu vorher vollkommen ernst gemeint. »Oder willst du?«, fragte er Lukas. »Nee, nee, mach du, ich bin echt gespannt«, erwiderte dieser lächelnd. »O.k., alles klar. Mit meiner Ex-

Frau war ich zehn Jahre lang zusammen, seit kurz vor meinem 33. Geburtstag«, begann Gunnar. »Davor hatte ich zwei Beziehungen, die jeweils ungefähr drei Jahre lang dauerten. Meine Ex habe ich ganz klassisch bei der Arbeit kennengelernt, die Freundin davor war eine Kommilitonin und die erste die Schwester meines besten Freundes. Damals lief das irgendwie alles so selbstverständlich. Da lernte man sich kennen, irgendwo im echten Leben, fand sich gut, hat sich ein paarmal getroffen und dann war die Sache eigentlich auch schon klar.« Er nahm einen Bissen Pizza, kaute und schluckte, ehe er weitersprach. »Ich habe das Gefühl, ich war zehn Jahre lang in dieser Ehe und in der Zwischenzeit hat sich der Dating-Markt – allein dieses Wort schon, aber so nennt man das ja heute – hinter meinem Rücken komplett verändert. Vielleicht ist es genau, wie du sagst, Elena. Alle wollen sich plötzlich alle Optionen offenhalten und kreisen so wahnsinnig um sich selbst. Ehrlich, das war früher viel leichter, da beneide ich deine Generation nicht …« Die letzten Worte hatte er an Sophie gerichtet, die ihn daraufhin irritiert anschaute, sodass Gunnar schnell relativierte: »Ich weiß nicht, vielleicht ist das auch eher eine Frage des Lebensalters, mach dir keine Sorgen.« Er schüttelte den Kopf. »Oh Mann, ich klinge schon wie mein eigener Vater. Jetzt aber mal konkret: Im ersten Jahr nach der Trennung habe ich noch gar nicht ans Daten gedacht. Da hatte ich erst mal genug damit zu tun, emotional klarzukommen, vor allem mit der Situation mit meinem Sohn. Ich war es übrigens, der sich getrennt hat, das klappte einfach nicht mehr mit meiner Ex, aber darum gehts jetzt nicht. Im zweiten Jahr, da lief dann auch schon die Scheidung, hab ich so langsam gemerkt, dass ich überhaupt wieder Lust bekomme, jemanden kennenzulernen. Da hab ichs dann aber erst mal so auf mich zukommen lassen und gedacht, na ja, wird dir schon eine Frau begegnen, war ja immer so. Vielleicht bei der Arbeit oder beim Sport. Alles nur eine Frage der Zeit.« »Was machst du denn beruflich, wenn ich fragen darf?«, wollte Lukas wissen. »Ich bin im Außendienst in einem großen Lebensmittelkonzern. Also, ich komme echt viel rum, lerne ständig neue Menschen kennen. Aber da hat sich trotzdem erst mal rein gar nichts getan. Ist, was das angeht, natürlich auch ein blödes Lebensalter. Mitte vierzig, da stecken die meisten, die das wollen, in festen Beziehungen, haben Kinder und so. Und für jüngere Frauen habe ich mich noch nie so interessiert …« Erneut schaute er Sophie an: »Also, nicht falsch verstehen, als Date oder Partnerin, meine ich, nicht grundsätzlich oder menschlich oder so.« Sophie antwortete zwar nicht, aber das erste Mal lächelte sie, ohne dabei ausschließlich mich anzuschauen. Vielleicht war die Tatsache, dass Lukas schwul war und Gunnar ein Beuteschema besaß, in das sie nicht passte, entspannend für sie. »So sind bestimmt weitere zwei Jahre vergangen, da war ich dann schon drei Jahre single, und langsam wurde aus der einfachen Lust, mal wieder jemanden kennenzulernen, eine richtige Sehnsucht nach einer neuen Beziehung«, erzählte Gunnar weiter. »Diese ganze Zeit lang hab ich mich total gegen den Gedanken gewehrt, es mal online zu versuchen, auch wenn mir immer wieder Freunde gesagt haben, dass das heute eben so läuft und wen sie alles kennen, bei dem es geklappt hat. Aber irgendwann war ich dann halt so weit. Oh Mann, mein Essen wird kalt, Moment.« Er griff nach einem großen Pizzastück. »Total interessant, dass du mit dem Onlinedaten so skeptisch warst«, übernahm Lukas. »Damit hatte ich zum Beispiel nie Probleme. Ist doch von der Idee her super, dehnt einfach die Reichweite aus. Und wenn man mal nur eine schnelle Nummer sucht«, schon wieder erntete Sophie einen entschuldigenden Blick, »ja, sorry, aber gab schon Phasen in meinem Leben, da ging mir das auch so. Dann ist das eh das Unkomplizierteste überhaupt.« Gunnar, der sein Pizzastück inzwischen aufgegessen hatte, nickte. »Klar. Aber das war irgendwie noch nie so mein Ding. Und dann wirds halt kompliziert. Ich finde, auf Dating-Portalen gibts oft krasse Extreme. Da sind entweder die, die nur Sex wollen, oder die, die mega verzweifelt auf der Suche sind. Das Normale dazwischen, das ist echt schwer zu finden.« Tatsächlich hatte ich manchmal schon von ähnlichen Eindrücken gehört. »Angefangen habe ich mit Elitepartner, aber das fand ich schräg, da siezen sich alle und so, das ist gar nichts für mich«, erklärte er uns. »Bei Parship hab ich dann über ein Jahr verteilt, vielleicht mit oder fünf Frauen gedatet. Und ich bin wirklich kein oberflächlicher Mensch. Aber zwei der Frauen sahen live einfach komplett anders aus als auf ihren Fotos. Zehn Jahre älter, dreißig Kilo schwerer und so.« Er hob die Hände. »Versteht mich nicht falsch, damit hab ich per se überhaupt kein Problem, aber ich stelle da ja auch kein Abi-Foto von mir rein und erwarte dann, dass mein Date sich nicht veralbert fühlt!« Wir mussten alle vier lachen. »Dann hab ich noch eine Frau getroffen, die den ganzen Abend nur von ihrem Ex-Mann erzählt hat, bis sie am Ende weinend in meinem Arm lag – auf einer Parkbank im Tiergarten. Mit der vierten hab ich mich ein paarmal verabredet und das lief eigentlich auch ganz gut, aber dann hat sie sich irgendwann einfach nicht mehr gemeldet. Ich glaube, die war überfordert damit, dass ich ein Kind habe. Und die fünfte hat mir schon beim zweiten Treffen gesagt, dass sie mich liebt. Liebt! Das ging mir dann doch etwas zu schnell.« Gunnar machte ein amüsiert-empörtes Gesicht und das erste Mal an diesem Abend hörte ich Sophie kichern. »Parship hab ich dann also auch wieder aufgehört. Bei anderen mag das super funktionieren, vielleicht bin ich einfach nicht der Typ dafür.« Gunnar lehnte sich auf seinem Stuhl zurück. »Eine Weile hab ich dann gedacht: Gut, dann muss ich wieder mehr ausgehen an den Wochenenden, wenn mein Sohn nicht bei mir ist, und mal gucken, was im Nachtleben so geht. Ist mit Mitte vierzig aber auch nicht der beste Plan, ich habe mich selten älter gefühlt. Da hatte ich zwar ein paar kürzere Bekanntschaften, aber außer zwei Bettgeschichten ist auch daraus nichts geworden. Um es mal abzukürzen«, er seufzte, »habe ich dann, vor einem Jahr im Sommer, bei Freunden eine Frau kennengelernt und dachte, es gibt sie doch noch, die gute alte Romantik. Die ersten drei Monate waren wirklich schön. Aber kurz bevor ich sie dann meinem Sohn vorstellen wollte, hat sie mir eröffnet, dass sie wieder Kontakt mit ihrem Ex-Freund hat und zwischen den beiden emotional vielleicht doch noch was ist. Bei so was bin ich definitiv raus.« Lukas, Sophie und ich machten enttäuschte Gesichter. »Ganz ehrlich, langsam weiß ich auch nicht mehr. Gefühlt habe ich irgendwie alles probiert. Ich will eigentlich nicht single sein, aber auf irgendwas Halbgares lass ich mich trotzdem nicht ein. Nun sitze ich hier. Und ich bin mal ganz ehrlich: Ich frage mich echt, ob ich einfach irgendwas falsch mache oder – noch schlimmer – irgendwie schräg und unvermittelbar bin und das selbst nur nicht merke.«

Mitten in der teilnahmsvollen Stimmung an unserem Tisch ertönte ein ohrenbetäubender Knall, der uns alle vier zusammenzucken ließ: Die beiden Fensterflügel waren durch eine Gewitterböe zugeflogen, unmittelbar gefolgt von einem bedrohlichen Donnergrollen. Gleichzeitig sprangen Gunnar und ich von unseren Stühlen auf, um die Fenster zu schließen. Vor dem Restaurant hasteten einige Menschen, die noch an den Außentischen gesessen hatten, in Richtung Eingangstür. Gleich würde es wohl zu schütten beginnen.

»Ich war mal mit einem Mann zusammen«, sagte Lukas und es wirkte in Anbetracht von Gunnars letzten Sätzen erst einmal erstaunlich zusammenhanglos, »der hatte wahnsinnige Angst bei Gewitter. Ein Hüne von einem Kerl. Aber sobald es draußen gedonnert hat, hat der sich regungslos in irgendeinem Zimmer verkrochen, echt jetzt, Kopfhörer mit lauter Musik aufgesetzt und man durfte ihn auf keinen Fall ansprechen, bevor das wieder vorbei war. Ich fand das jetzt nicht so schlimm, gibt ja gar nicht so oft Gewitter. Aber in einem Jahr hat er halt mal meinen halben Geburtstag so im Badezimmer verbracht, während meine Freunde, Kollegen und so zum Feiern da waren. Das war dann nicht mehr so lustig. Zumal ja auch keiner mehr die Toilette benutzen konnte.« Lukas gluckste und vor allem Gunnar, aber auch Sophie und ich schauten ihn leicht verwundert an. »Mann, was ich dir damit sagen will«, erklärte er. »Selbst, wenn du ein Freak wärst – was ich echt nicht glaube, du machst auf mich einen ganz normalen Eindruck –, so falsch oder schräg oder seltsam kannst du gar nicht sein, dass da draußen nicht doch irgendjemand zu dir passt. Ich hab den geliebt, den Gewitter-Mann, und wer weiß, viele andere wären damit vielleicht überfordert gewesen. Wenn es momentan mit niemandem hinhaut, dann, würde ich sagen, liegt das jedenfalls nicht daran, dass mit dir etwas nicht stimmt. Sondern, dass dir einfach noch keine Richtige über den Weg gelaufen ist.« Als wollte der Himmel das unterstreichen, donnerte es in diesem Moment wieder laut. »Halleluja! Das war das Wort zum Sonntag!«, kommentierte Lukas und nun mussten wir alle laut lachen.

»Aber jetzt mal im Ernst«, meinte Gunnar, als wir uns wieder beruhigt hatten, »zweifelst du nie an dir selbst? Ich meine, wenn es mit einer Bekanntschaft nach der nächsten nicht klappt?« Lukas schüttelte vehement den Kopf. »Nein. Nenn mich überheblich oder unrealistisch, aber ich bin mit mir selbst total im Reinen. Ich weiß natürlich, dass ich Macken habe und bestimmt auch nicht gerade der Unkomplizierteste bin, aber es gibt definitiv Leute da draußen, die viel größere Baustellen und viel mehr einen an der Klatsche haben als ich, und die sind ja auch nicht alle auf Lebzeiten solo. Mein Problem ist eher, dass ich einfach nicht allein sein will. Ich hasse das. Mir fehlt die Geduld, auf den passenden Typen zu warten, und es nervt, sich immer wieder Hoffnungen zu machen und dann doch enttäuscht zu werden, so wie gerade wieder. Zumal das auch echt Zeit kostet, bis man überhaupt wieder Bock auf die nächste Bekanntschaft hat. Ich dachte, mit dem Treffen heute kann ich mich trösten lassen und das vielleicht beschleunigen.« – »Trösten klingt super. Dann erzähl doch mal«, forderte Gunnar ihn auf. »Was ist denn schiefgelaufen?« – »Du, ich wollte jetzt nicht das Wort an mich reißen«, wandte Lukas schnell ein. »Ich dachte nur, die Geschichte mit dem Gewitter-Mann passte gerade.« – »Nee, alles gut, war doch total spannend. Und du hast ja vollkommen recht, für jeden Topf«, er zeichnete mit den Fingern Anführungszeichen in die Luft, »gibts den passenden Deckel und so, bla, bla, bla. Nur, wo findet man den?« Lukas verdeckte sein Gesicht mit den Handflächen. »Tja, da hast du mich schon erwischt. Ich rede mir nämlich ganz gern auch mal ein, dass eine Pfanne mein passender Topf ist …« In den letzten Minuten hatte ich dem Dialog der beiden Männer einfach interessiert zugehört und mich gar nicht weiter eingemischt, was ja ohnehin nicht die Idee der Gruppentreffen war. Hier ging es vor allem darum, dass die Teilnehmer sich untereinander austauschen konnten. »Ich kann mich Gunnar nur anschließen«, sagte ich jetzt. »Ich würde auch gern hören, was mit deiner, ich glaube, Liaison hast du es genannt, schiefgegangen ist. Und ich bin mir fast sicher, dass wir dir dann etwas Aufbauendes dazu sagen können.« Lukas richtete sich auf und legte Messer und Gabel ab.

»O.k. Wie erzähle ich das jetzt. Ehrlich gesagt hab ich mich vorhin schon ein bisschen ertappt gefühlt, als du gesagt hast« – er meinte Gunnar – »dass du findest, auf Dating-Portalen sind viele Leute unterwegs, die verzweifelt suchen. Und die Frau, die dir beim zweiten Date gesagt hat, dass sie dich liebt. So was könnte, fürchte ich, fast auch von mir sein. Nicht ganz so extrem, aber von der Tendenz her auf jeden Fall.« Lukas kratzte sich am Kinn. »Ich hab halt vor zwei Monaten im Fitnessstudio einen Typen kennengelernt. Bisschen größer als ich, supertrainiert, echt ein Hingucker. Und nicht bloß so ein Muskelprolo, der war Anwalt, also auch noch schlau. Das fing alles ganz cool an, das erste Mal sind wir abends nach dem Sport zusammen was trinken gegangen. Paar Tage später dann ins Restaurant. Alles ganz unschuldig, reden und so, wirklich kennenlernen, bis zum vierten Date haben wir uns nicht mal geküsst. Aber als ich ihn mir dann geschnappt hatte, da wars auch schon voll um mich geschehen.« Er schloss die Augen, was zunächst so wirkte, als schwelge er in Erinnerungen an besagten Kuss – doch dann presste er die Lippen aufeinander. »Oh Gott, ihr werdet mich gleich für vollkommen gestört halten. Also, es gab einen Haken bei der Sache.« Lukas schlug die Lider wieder auf und blickte in drei fragende Augenpaare. »Der Typ war hetero.« »Autsch«, sprach Gunnar laut aus, was auch ich dachte. »Ja, genau. Aber das ist eben typisch für mich«, fuhr Lukas fort. »Ist ja nicht so, als hätte der mir das nicht sofort gesagt, dass er verheiratet ist, noch nie was mit Männern hatte und auch glaubt, dass das trotz einer wirklich nicht zu leugnenden Anziehung zwischen uns nichts für ihn ist. Aber anstatt schlusszufolgern, o.k, lasse ich besser, führt zu nichts, läuft bei mir so ein Hollywoodfilm im Kopf ab: Große Liebe, Seelenverwandtschaft, durch mich merkt er erst, was er wirklich zum Glücklichsein braucht, der Prinz, das weiße Pferd, das ganze Programm. Ich habe ohne Ende gebaggert und gemacht und getan. Sechs Wochen lang lief das, dann hat er sich für das Abenteuer bedankt und ist mit seiner Frau in den Urlaub geflogen.« Lukas ließ seine Hand wie ein Flugzeug in den Himmel steigen. »Und ich stehe unten und winke und denke: Na, Lukas, da hast du mal wieder bewiesen, dass du der Meister im Ignorieren von Warnzeichen bist. Es ist einfach nie gut, wenn man sich jemanden zu sehr an seine Seite wünscht.«

Gunnar und ich mussten zeitgleich seufzen und auch Sophie legte die Stirn in Falten, soweit ihr jugendliches Gesicht das überhaupt zuließ. »Oh Mann, was für eine Geschichte, das tut mir total leid«, kommentierte ich. »Und das Tröstlichste, was ich dazu ad hoc sagen kann, ist, dass ich so was schon wirklich oft gehört habe. Wenn man sehr auf der Suche ist, ist es schwer, nicht in jede halbwegs passende Bekanntschaft ganz viel reinzuprojizieren. Zumal, wenn das Gegenüber ziemlich gemischte Signale sendet.« »Finde ich auch«, pflichtete Gunnar mir bei. »Außerdem klingt das nicht so sympathisch von dem Typen, dich für sein kleines Abenteuer zu benutzen. Der muss doch gemerkt haben, was bei dir emotional los ist.« – »Ja, das konnte ich, glaube ich, schwer verbergen.« Lukas zog die Mundwinkel übertrieben weit nach unten und brachte uns damit zum Lachen. »Mit Selbstironie hast du jedenfalls keine Probleme!«, stellte Gunnar fest. »Was ist denn für dich überhaupt das Schlimme am Alleinsein? Wenn ich genau drüber nachdenke, ist es bei mir so, dass ich einfach *lieber* zu zweit bin. Aber ich bin allein nicht unglücklich oder einsam oder so. Verstehst du, wie ich meine?« Schon während Gunnar noch sprach, hatte Lukas zu nicken begonnen. »Ja, klar. Das hab ich mir schon gedacht. Aber ich hasse es halt richtig, allein zu sein.« Er sprach das Wort in zwei Silben aus, was ihm extra viel Nachdruck verlieh: has-se. »Ich will euch jetzt nicht mit meiner ganzen Lebensgeschichte langweilen, aber ich war, bis ich zwanzig war, gefühlt einfach immer allein. Meine Mutter ist kurz nach meiner Geburt gestorben und mein Vater war total überfordert damit, alleinerziehend zu sein. Der war dauernd weg und wenn nicht, hatte er auch keinen Bock auf mich. Freunde hatte ich auch nicht so richtig, ich war irgendwie schon ganz früh anders als die anderen auf dem Dorf, wo ich herkomme. Als mir klar wurde, dass ich schwul bin, war ich nur noch damit beschäftigt, nicht aufzufallen, mich zu verstecken und zu überlegen, wann und wohin ich aus diesem Leben dort flüchten könnte. Aber das hat erst geklappt, als ich zum Studieren nach Berlin gekommen bin. Ich hab heute auch zu keinem von denen mehr Kontakt.« Für einige Sekunden herrschte Stille an unserem Tisch. Uns allen war wohl klar, was für ein tiefer Schmerz trotz seines bisher so humorvollen und lockeren Auftretens in Lukas' Worten steckte. »Du wünschst dir jemanden, der endlich mal so richtig bei dir bleibt …«, resümierte Gunnar langsam. »Genauso ist es«, antwortete Lukas. »Mein Kontingent an Alleinsein ist für mein ganzes Leben aufgebraucht.«

Obwohl dies sicher schon das achte oder neunte Gruppentreffen war, an dem ich teilnahm, war ich, daran erinnere ich mich noch genau, besonders an diesem Punkt unseres Gesprächs wieder einmal fasziniert, in welcher Geschwindigkeit jedes Mal in diesen Runden eine so immense Offenheit und Tiefe erreicht wurden. Da kamen vier Menschen zusammen, die sich bis eben noch vollkommen fremd gewesen waren – und in weniger als einer Stunde lagen intime, persönliche und emotionale Details auf dem Tisch. Möglicherweise, dachte ich, hatte die Wirksamkeit solcher Gruppen gar nicht in erster Linie damit zu tun, dass die Teilnehmer ein gemeinsames Thema hatten. Vielleicht ging es vielmehr darum, dass sie einen Rahmen boten, in dem man sich authentisch zeigen und dadurch mit anderen verbunden fühlen konnte. Wer hier rausging, hatte mit ziemlicher Sicherheit erfahren, dass es vollkommen okay war, als Mensch auch Schwächen, Ängste, Verletzungen und Sorgen zu haben.

Sicher hätte ich Lukas als Nächstes gefragt, ob er bereits Erfahrungen mit Psychotherapie hatte, und ihm andernfalls geraten, vielleicht einmal über professionelle Unterstützung nachzudenken – sein großes Unbehagen mit dem Alleinsein war vollkommen nachvollziehbar, aber dennoch ein großes Hindernis bei der Partnersuche. Doch noch bevor ich etwas hätte sagen können, nahm ich im Augenwinkel ein Paar wahr, das Händchen haltend unseren Raum betrat. Normalerweise sorgte das Restaurant-Team dafür, dass wir ungestört blieben, aber aufgrund des Gewitters mussten wohl zahlreiche Leute hereingekommen und auf der Suche nach einem trockenen Plätzchen sein. Das Paar, zu dem ich nun hinüberschaute, war um die vierzig und tatsächlich von Kopf bis Fuß patschnass. »Ist hier noch was frei …?«, fragte der Mann lachend, während er sich die tropfenden Haare aus dem Gesicht strich – doch er erstarrte abrupt in seiner Bewegung, als er Lukas erblickte. Lukas, der mit dem Rücken zur Tür saß und nur die Stimme des Mannes gehört hatte, wurde ebenfalls von einer Sekunde auf die andere kreidebleich. »Signora, hier bitte nicht, kommen Sie, hier drüben habe ich noch ein nettes Eckchen für Sie.« Unser Kellner bedeutete der Frau mit seinem charmanten Akzent, ihm in die andere Richtung zu folgen. Während Lukas stocksteif dasaß, hatten auch Gunnar und Sophie gemerkt, dass an dieser Situation irgendetwas nicht stimmte. Wir drei fixierten den Mann, der wiederum Lukas anstarrte, bis er von seiner Frau, die scheinbar nichts mitbekommen hatte, mit einem fröhlichen »Komm, Schatz, da hinten, das ist doch super«

aus dem Zimmer manövriert wurde. »Das darf jetzt nicht wahr sein«, flüsterte Lukas. »War das ein 1,90-Typ, breite Schultern, blonde Locken?« Gunnar und ich nickten. »Das war er. Er!« Lukas kniff die Augen zusammen. »Was ist das bitte für ein beschissener Zufall. Ich muss hier weg, es tut mir superleid, aber ich muss sofort hier weg. Das halte ich nicht aus, wenn die hier nebenan essen.« Dann ging alles wahnsinnig schnell. Lukas zog mit zitternden Fingern einen Zwanzig-Euro-Schein aus seinem Portemonnaie, legte ihn auf den Tisch und erhob sich. »Soll ich mit dir rausgehen, damit du nicht allein an denen vorbeimusst?«, bot Gunnar geistesgegenwärtig an – denn das Paar war direkt auf dem Weg zum Ausgang platziert worden. »Oh Gott, sitzen die etwa auch noch direkt vor der Tür, oder was? Muss ich mir das jetzt echt noch anschauen?« Lukas wirkte verzweifelt. »Alles gut«, versuchte ich, ihn zu beruhigen. Ich hatte eine Idee. »Wenn du wirklich gehen willst und wir dich nicht davon abhalten können, dann kannst du einfach aus dem Fenster steigen.« Ich deutete in die Richtung. »Das ist überhaupt nicht hoch.« – »Ja, genau«, entgegnete Lukas und hastete bereits zum Fenster. »Aber Lukas«, schob ich schnell nach, »überleg dir noch einmal kurz, ob du nicht doch hierbleiben möchtest. Wir können dich, glaube ich, hier sehr gut auffangen.« Doch er öffnete bereits einen der beiden Flügel und drehte sich nur noch halb zu uns um. »Das ist total lieb, echt, von euch allen dreien und gern ein anderes Mal, ich komme zum nächsten Termin einfach wieder. Aber jetzt gerade ist mir das hier zu viel. Es war toll, euch kennenzulernen, wirklich. Danke.« Er stemmte sich auf das Fensterbrett, zog erst das eine, dann das andere Bein hinüber und zögerte in Anbetracht des strömenden Regens noch einen kleinen Moment – dann sprang er auf der anderen Seite hinunter und lief davon.

Sophie, Gunnar und ich blieben ziemlich konsterniert an unserem Tisch zurück. Zunächst wusste keiner von uns so richtig, was er sagen sollte. »Krass«, murmelte Gunnar schließlich. »Ja«, stimmte ich ihm zu, »ich hoffe, er kommt beim nächsten Mal wirklich wieder. Das ging jetzt alles so schnell, dass ich ihn noch nicht mal gefragt habe, ob er sich später noch mal bei mir melden will. Richtig blöd gelaufen. Ich ärgere mich über mich selbst.« – »Aber er weiß doch, wie er dich erreichen kann, da brauchst du dir keine Gedanken zu machen.« Ich erschrak fast ein wenig, denn es war das erste Mal, dass Sophie etwas zum Gespräch beisteuerte. Sie wirkte selbst überrascht über ihren plötzlichen Kommentar und grinste etwas verlegen zurück. »Habt ihr gesehen, was er tätowiert hatte?«, fragte Gunnar. Wieder reagierte Sophie als Erste. Von ihrer Sitzposition aus hatte sie den besten Blick auf die Innenseite von Lukas' Oberarm gehabt. »Half a Heart« – sie sprach es in einem sehr schönen britischen Englisch aus. »Ein halbes Herz«, übersetzte ich langsam. »Wenn das so gemeint ist, wie jetzt naheliegt, also, wenn er sich wie halb fühlt, dann ist es ganz schön traurig«, fand Gunnar. Sophie legte den Kopf etwas schief. »Halbe Herzen gibt es nicht, das weiß sogar ich schon. Man ist auch ohne Partner komplett. Da ist meine Generation vielleicht einen Schritt weiter als ihr …« Sie verzog den Mund zu einem kleinen Schmunzeln und Gunnar musste über ihre Retourkutsche lachen. »Mensch, du taust ja plötzlich richtig auf! Willst du jetzt vielleicht doch noch was von dir erzählen? Ich hätte noch Zeit.« Sophie sah erst ihn, dann mich und dann das noch immer geöffnete Fenster an, was mich aufstehen ließ, um es endlich zu schließen. »Nee, ich glaube, das brauch ich gar nicht«, sagte sie. »Ich bin heute Abend eigentlich hergekommen, weil ich mich die ganze Zeit gefragt habe: Was ist bloß verkehrt mit mir? Ich bin jetzt 21 und bisher finde ich das mit der Liebe echt viel komplizierter, als ich immer dachte. Aber jetzt ist mir klar geworden, dass das gar nicht an mir liegt.« Sie zuckte mit den Schultern und sprach Gunnar an. »Lukas und du, ihr seid so viel älter als ich und ihr habt auch keinen Plan! Voll die gute Erkenntnis!« Gunnar und ich sahen uns an und mussten schallend lachen. »Und ich bin mir sicher«, bestätigte ich Sophies Gedanken, »wenn du hier durchs Restaurant laufen und die Leute fragen würdest, ob die Liebe und ihre Beziehungen für sie immer leicht und unproblematisch waren und ob sie noch nie Zweifel und Kummer ihretwegen hatten, würden dir so ziemlich alle mit Nein antworten. Aber«, und das betonte ich, »vermutlich würden dir im gleichen Atemzug auch alle sagen, dass sie sich trotzdem mehr als alles andere lohnt.«

♥

Ich weiß, dass es nicht leicht ist, unfreiwillig single zu sein. Und dass dieser Zustand leider auch schnell dazu führen kann, dass man an sich selbst und der eigenen Liebenswürdigkeit zweifelt. Ich habe das einerseits von vielen meiner Klienten gehört, aber in meinen Dreißigern auch am eigenen Leib erfahren. Damals war ich fast sechs Jahre allein, ehe ich meinen heutigen Mann kennenlernte.

Vielleicht kann ich deshalb gerade in diesem Kapitel so sehr und aus vollstem Herzen zu dir sagen: Alles hat seine Zeit im Leben. Es gibt Phasen, in denen man in Partnerschaft ist, und Phasen, in denen man als Single lebt – und beide gehören dazu und sind gleichermaßen kostbar. Denn genauso, wie du eventuell gerade denkst: Ach, wie schön wäre es, eine Beziehung zu haben, und was man alles zusammen tun und erleben könnte!, kennen die meisten Menschen in einer Partnerschaft wohl auch das Gefühl, sich dann und wann sehnsuchtsvoll daran zu erinnern, wie frei man solo war und wie schön es sein kann, auf niemanden Rücksicht nehmen zu müssen. Vielleicht liegt es einfach in der Natur des Menschen, dass wir uns schnell nach dem sehnen, was wir gerade *nicht* haben, anstatt zu genießen, was im Hier und Jetzt ist. Dann hilft es, die Perspektive zu wechseln und sich vor Augen zu führen, wie wertvoll viele Facetten des eigenen Lebens sind.

Es gibt keine »verkehrten« Menschen. Falls auch du dich fragst, was möglicherweise *verkehrt* mit dir sein könnte, weil du momentan keinen Partner findest, möchte ich dich bitten, diese Frage ganz schnell komplett aus deinem Gehirn zu streichen. In der Liebe geht es nicht darum, richtig zu sein, wunderschön, unendlich klug, besonders unkompliziert oder anderes mehr – es geht darum, einen Menschen zu finden, der zu einem passt, einen annimmt, wie man ist, und sich dann gemeinsam weiterzuentwickeln. Um als Paar perfekt zu werden, wäre es sogar alles andere als hilfreich, als perfektes Individuum in eine Beziehung zu starten (und ich nutze hier absichtlich diesen Begriff, um meinen Gedanken zu verdeutlichen, natürlich gibt es Perfektion in Wahrheit sowieso nicht). Denn woran soll man wachsen, wenn man schon längst fertig ist?

Natürlich gibt es über diese grundsätzliche Erkenntnis hinaus – du bist gut, wie du bist! – ein paar Punkte, die du dir einmal anschauen kannst, falls du unfreiwillig single bist:

- »Suchst« du an den richtigen Stellen, beziehungsweise schöner gesagt: Bist du an den richtigen Stellen auffindbar? Es gibt gerade im Bereich des Onlinedatings Plattformen, die dafür bekannt sind, auf unverbindliche Kontakte abzuzielen, und solche, in denen es eher um wirkliche Partnerschaften geht. Außerdem natürlich die vielen Spezialangebote, beispielsweise für verschiedene Altersgruppen, Alleinerziehende, Polyamore, Christen etc. Mach dir bewusst, was du dir wirklich wünschst und wer zu dir passt, und sei an den entsprechenden Stellen präsent. Trägst du seelische Wunden aus deiner Kindheit oder aus vergangenen Beziehungen mit dir herum, bei denen du den Eindruck hast, dass sie dir bei der Partnersuche im Weg stehen? Neben Lukas' großer Angst vor dem Alleinsein könnten das zum Beispiel auch Themen wie die Furcht vor Nähe und echter Begegnung oder mangelndes Vertrauen in andere Menschen sein. Wenn dem so ist, ist jetzt ein guter Zeitpunkt, sich diese »Baustellen«, am besten mit professioneller Begleitung, anzuschauen.

- Wie sehen deine Glaubenssätze in Bezug auf Single-Menschen ganz allgemein aus? Ist ein Mensch, der nicht in einer Partnerschaft lebt, für dich auch ein »halbes Herz« oder empfindest du ihn oder sie als komplett? Falls Ersteres zutrifft: Woher kommt diese Überzeugung? Von wem und wo hast du sie gelernt? Denkst du, dass sie dir nützlich ist oder eher schadet? Und: Möchtest du der Partner von jemandem sein, (nur) um sein halbes Herz zu ergänzen?

Das, was ich meinen Klienten in diesem Zusammenhang am allerhäufigsten sage, ist: Vertrau auf das Leben. Alles hat seine Zeit. Und stabile Beziehungen kann man überdies nicht nur mit einem Partner führen. Häufig ist es sogar so, dass Partner kommen und gehen, aber die Beziehungen zu Freunden und zur Familie bestehen nicht selten ein ganzes Leben lang.

PS für dein Herz:

Die Tatsache, ob du single bist oder nicht, sagt nichts über deine Liebenswürdigkeit aus. Es ist besser, allein zu sein, als in einer Partnerschaft, die nicht von Herzen kommt. Alles hat seine Zeit im Leben – vertraue auf deines. Vielleicht denkst du, du wirst niemals jemanden finden – so, wie unendlich viele Herzen vor dir es auch schon getan und sich geirrt haben.

9.

»Belügen und betrügen sich nicht sowieso alle?«

Liebst du monogam?

Eine Sache, die ich als ganz besonders an meiner Tätigkeit als Liebeskümmerin empfinde, ist die Verbundenheit, die mit vielen meiner Klientinnen und Klienten auch noch lange nach unserer gemeinsamen Zeit besteht. Nicht selten kommt es vor, dass mich jemand über Jahre hinweg immer mal wieder darüber informiert, wie es ihm oder ihr inzwischen ergangen ist, und dass ich auf diese Weise ganze »Liebes-Lebenswege« mitbekomme. Eine ehemalige Klientin schickte mir einmal eine Sprachnachricht, in der sie mir sagte, dass es ihr nun, einige Monate, nachdem unsere

Zusammenarbeit abgeschlossen war, zwar deutlich besser ginge, es aber immer noch »schwache Momente« gäbe. »Das ist aber gar nicht weiter schlimm«, fügte sie hinzu, »denn für diese Situationen habe ich jetzt, und ich hoffe, du verstehst das nicht falsch, eine kleine Elena in meinem Ohr, mit der ich mich dann in Gedanken unterhalte – das hilft mir, mich daran zu erinnern, was ich tun kann, um mich wieder aufzurappeln.« Ich freue mich jedes Mal ganz aufrichtig, wenn mich so etwas erreicht, in welcher Form auch immer. Denn auch ich fühle mich weit über ein rein professionelles Maß mit meinen Klienten verbunden. Wir sprechen über intimste Dinge, duzen einander und kommen uns so schnell nah. Anders als klassische Psychotherapeuten, für deren Arbeit es meist wichtig ist, Distanz zwischen sich und ihren Patienten zu wahren, empfinde ich diese Nähe als substanziellen Bestandteil meines Hilfsangebots. Und auch wenn ich es aufgrund der vielen Jahre, während derer ich diesen Beruf inzwischen mache, nicht immer schaffe, mich ausführlich zurückzumelden: Eine zumindest kurze Antwort bekommt jeder von mir.

Was trotz des vielen positiven Feedbacks und des fortdauernden Kontakts relativ selten vorkommt, ist, dass jemand unsere Dienstleistung mit einem Abstand von mehreren Jahren wiederholt in Anspruch nimmt. Vielleicht sind wir dafür einfach doch nicht lang genug »am Markt« oder, was ich besonders gern glauben möchte, wir schaffen es tatsächlich, den meisten unserer Klienten während der Beratung so viel gutes Handwerkszeug mitzugeben, dass sie sich in späteren Liebeskrisen besser selbst zu helfen wissen. Als ich im Sommer 2017 eine Buchung von einer Frau sah, die Aranka Molnár hieß, stutzte ich jedenfalls – ich erinnerte mich, vor ein oder zwei Jahren schon einmal eine Klientin mit dem gleichen und hier in Deutschland ja sehr seltenen Namen für mehrere Wochen in meiner Praxis gesehen zu haben. War dies wohl die gleiche Person? Auch Aranka hatte sich in den ersten Monaten nach unseren Gesprächen noch zwei- oder dreimal bei mir gemeldet und mein letzter Stand war, dass sie von Berlin nach München gezogen ist. Spontan scrollte ich in der Buchungsmail zu den Adressdaten der Klientin und tatsächlich – München! Dazu passte auch, dass sie diesmal keinen Live-Termin, sondern einen Videocall vereinbaren wollte.

Aranka war als kleines Mädchen mit ihren Eltern aus einem kleinen Städtchen im ungarischen Mátra-Gebirge nach Deutschland gekommen, in Papenburg aufgewachsen und später zum Studium nach Berlin gezogen. Mit Ende zwanzig hatte sie eine sehr schmerzhafte Trennung erlebt, nachdem ihr damaliger Freund sie über Monate hinweg mit einer Arbeitskollegin betrogen hatte, und deshalb meine Hilfe in Anspruch genommen. In den gemeinsamen Sitzungen hatten wir nicht nur die problematische Beziehung aufgearbeitet, sondern waren auch darauf gestoßen, wie sehr Aranka ihr übriges Leben an ihren eigentlichen Bedürfnissen vorbei führte: Sie fühlte sich beruflich an der falschen Stelle und nahm sich neben dieser sehr anstrengenden Tätigkeit kaum Freiraum, zum Ausgleich ihren Hobbies nachzugehen oder Freundschaften zu pflegen – aufgrund ihrer häufig von Armut geprägten Kindheit empfand sie einen permanenten Druck, viel Geld verdienen zu müssen. All das hatte beigetragen zu großer Unzufriedenheit, Zukunftsangst und damit auch zum Festhalten an einer Partnerschaft, die im Grunde schon lang nicht mehr – oder vielleicht sogar nie – gut gewesen war. Aus unserer letzten Sitzung hatte Aranka sich mit dem Vorhaben verabschiedet, sich jobmäßig noch einmal ganz neu zu orientieren und vielleicht auch endlich dort zu wohnen, wo ihr Herz sie immer wieder hinzog: in der Nähe der Berge. Entsprechend hatte ich mich sehr für sie gefreut, als sie mir in einer späteren Mail nicht nur von einer neuen Stelle, sondern auch noch von dem damit verbundenen Umzug nach München berichtete. Ich wähnte sie glücklich oder zumindest sehr zufrieden in ihrer neuen Heimat. Vor unserem anstehenden Videotelefonat befürchtete ich nun natürlich, mich geirrt zu haben, und überlegte, was sie dazu bewogen haben konnte, sich erneut bei mir zu melden: Hatte sie wieder Kontakt zu ihrem Ex-Freund? Steckte sie in einer neuen schwierigen Beziehung? Oder wollte sie womöglich gar nicht über die Liebe, sondern über ihre übrige Lebenssituation mit mir reden?

Am Abend des Videogesprächs musste ich einige Anläufe nehmen, um zu Aranka durchzukommen, denn die Verbindung brach während des Klingelns immer wieder ab. »Sorry, ich habe hier ganz schlechten Empfang, WLAN ausgefallen, melde mich gleich«, schrieb sie mir. Es dauerte einige Augenblicke, dann ging ihr Rückruf ein: Das

Bild baute sich auf und zu meiner großen Überraschung sah ich dort nicht nur eine sehr fröhliche Aranka, die ihr langes braunes Haar abgeschnitten hatte und mich nun ein bisschen an Sinéad O'Connor erinnerte, sondern schräg hinter ihr schauten mich auch – das hatte es wirklich in noch keiner meiner Sitzungen gegeben – zwei riesengroße braune Kuh-Augen an. »Hahaha, Aranka, du bist es ja wirklich! Aber wo bist du denn?«, lachte ich. »Ich habe ja mit vielem gerechnet, aber definitiv nicht mit einer Beratungsstunde mit Kuh!« Aranka gluckste. Sie hatte, das war mir schon damals aufgefallen, eine ganz besondere Art zu lachen, die immer ein bisschen wie Goofy klang. Wenn sie damit einmal loslegte, konnte man gar nicht anders als mitzumachen. Ich war sofort etwas beruhigt. Etwas richtig Schlimmes würde es vermutlich eher nicht sein, das sie mit mir besprechen wollte, so gut gelaunt und gelöst, wie sie wirkte. »Du, ich bin in den Alpen in so einer Hütte«, erklärte sie mir und hielt das Handy kurz nach oben, sodass ich im Hintergrund ein wirklich atemberaubendes Bergpanorama erkennen konnte. »Über das Wochenende. Hier gibts eigentlich WLAN, aber das ist gerade ausgefallen, und jetzt bin ich wie irre mit dem Handy rumgelaufen und nur auf dieser Bank hier klappts. Aber die Kühe rennen da oben auf dem Berg halt frei rum ...« Sie blickte über ihre Schulter und als hätte die Kuh verstanden, was Aranka gesagt hatte, machte sie einen weiteren Schritt auf meine Klientin zu und versuchte jetzt, mit ihrer dunklen, widerkäuenden Schnauze das Handy zu erreichen. »Also, das geht jetzt aber wirklich zu weit, du Kuh!«, kommentierte

Aranka amüsiert und als Nächstes sah ich nur noch blauen Himmel. Sie musste das Telefon auf der Bank abgelegt haben. »Ksch, ksch«, hörte ich sie machen und in die Hände klatschen. »Los, geh zu deinen Freunden, ksch, ksch.« Die Kuh muhte, dann klang es so, als würde ihre schaukelnde Halsglocke sich langsam entfernen und Aranka tauchte wieder vor der Kamera auf. »Entschuldige«, sagte sie und strich sich über das stoppelige Haar. »Die hat wohl geahnt, dass es hier interessant wird. Aber jetzt sollten wir Ruhe haben.« Wir mussten beide grinsen. »Wie schön, dich zu sehen«, begrüßte ich Aranka dann noch einmal richtig. »Und vor allem ausgerechnet an diesem Ort. Die Berge! Genau, wie du es wolltest!« – »Dass du dich daran echt noch erinnerst!« Sie legte lächelnd den Kopf schief. »Ich hab mich schon die ganze Woche so auf unser Gespräch gefreut. Ich war mir gar nicht sicher, ob du mich noch erkennen würdest, zumal mit der neuen Frisur …« – »Und ich war die ganze Zeit gespannt, was dich wohl noch mal zu mir bringt. Also, bin ich immer noch! Das steht dir übrigens super«, antwortete ich. »Danke! Dann spanne ich dich gar nicht lang auf die Folter, oder? Soll ich einfach gleich loslegen?«, fragte sie, während sie anfing, mit der freien Hand ihr rechtes Ohrläppchen zu reiben. »Sehr gern«, bestätigte ich.

»Also«, begann sie, »ich wollte einfach gern mal mit dir über was reden und deine Meinung dazu hören.« Mit einer beeindruckenden Leichtigkeit wechselte sie vom Schneider- in den Lotussitz. »Ben hat mich ja damals betrogen, das weißt du eh noch. Und auch, dass ich am Anfang gedacht hab, ich kann überhaupt nie wieder jemandem vertrauen.« Ich erinnerte mich tatsächlich noch sehr gut. Arankas Sorge, sich nie wieder wirklich auf jemanden einlassen zu können, war gerade in unseren ersten Stunden ein wiederkehrendes Thema gewesen. »Inzwischen weiß ich ganz sicher, dass ich mich da geirrt habe, ich hab nämlich vor drei Monaten jemanden kennengelernt.« Ihr Blick wurde ein wenig versonnen. »Es fühlt sich alles so gut an, Elena. Ganz anders als alles, was ich bisher erlebt habe. Ich weiß auch nicht, ich bin selbst auch so anders anwesend irgendwie. Also, ich meine, so, als wäre ich heute einfach eine ganz andere, als ich es damals mit Ben und davor noch war. Mehr ich selbst. Ich glaube, auch deswegen läuft das auf einer ganz anderen Ebene ab. Da war von Anfang an nichts mit Spielchen oder taktieren oder sich besonders gut verkaufen wollen oder so. Jeder von uns hat sich so gezeigt, wie er wirklich ist, und dann war es einfach direkt klar. Haha, wie du grinsen musst!« Aranka hatte recht: Ich strahlte sogar. »Ich freue mich gerade so sehr für dich, das glaubst du gar nicht!« Für ein paar Sekunden sahen wir uns schweigend an und genossen wohl beide einfach den Moment. »Danke, das ist so lieb. Und du hast ja auch nicht gerade wenig dazu beigetragen«, fuhr Aranka fort. Ich kam nicht dazu, zu erwidern, dass sie eigentlich alles allein gemacht und ich ihr dabei nur zur Seite gestanden hatte, denn sie sprach direkt weiter. »Aber pass auf, jetzt Folgendes. Also, Ben hat mich betrogen. Meine Mutter hat früher mal meinen Vater betrogen. Mein bester Freund hat seine Freundin im letzten Jahr betrogen. Meine Arbeitskollegin hat ihren Mann mit seiner Yoga-Lehrerin in flagranti erwischt. Und letzte Woche war ich ein paar Tage auf einer Messe in Mailand, da treibts sowieso jeder mit jedem. Also, außer mir.« Ich ahnte, worauf das hier hinauslaufen würde: Aranka wollte mir sagen, dass sich ohnehin alle gegenseitig betrogen. Und so gern ich ihr ins Wort gefallen wäre und gesagt hätte, nein, stop, das stimmt doch sicher alles gar nicht, wusste gerade ich leider genau, wie sehr sie höchstwahrscheinlich recht hatte. »Damals bei Ben, da hat mich das noch total geschockt. Aber je älter ich werde und je mehr ich mit Leuten rede, umso mehr frage ich mich: Belügen und betrügen sich nicht sowieso alle irgendwann? Was soll diese ganze Nummer mit der Monogamie dann? Ist das nicht bloß ein Märchen, an das wir alle glauben wollen und das man sich früher mal ausgedacht hat, damit unsere Gesellschaft nach bestimmten Spielregeln funktioniert? Sind Menschen vielleicht gar nicht dafür gemacht? Und trotzdem tun alle so und machen sich die wildesten Versprechungen und heimlich gehen sie eben doch fremd oder würden es zumindest gern und verletzen sich damit gegenseitig. Das muss doch auch anders gehen! Besser!« Während des Sprechens war Aranka immer lauter geworden. Es war deutlich zu erkennen, wie viel sie sich mit dem Thema schon beschäftigt hatte und wie sehr es sie emotional ergriff. Gespannt schaute sie mich an. »Wie heißt der Mann, den du kennengelernt hast?«, fragte ich zunächst ganz ruhig. »Malte.« – »Und hast du mit Malte schon mal über diese Gedanken gesprochen?« Aranka ließ laut Luft aus ihrem Mund zischen. »Puh, nein, eben nicht. Das klingt jetzt, glaub ich, etwas widersprüchlich, weil ich dir ja gerade noch gesagt hab, dass wir beide zusammen so total wir selbst sein können. Aber das kommt erst seit Kurzem so richtig in mir hoch und ich wollte erst mal für mich selbst Klarheit haben, bevor ich mit ihm rede. Will ich aber natürlich machen!« Ich nickte. »Verstehe ich gut. Und habe ich auch richtig verstanden, dass du jetzt gern meine Meinung dazu wissen möchtest, ob es ein besseres Modell gibt als die Monogamie?« – »Ja, so könnte man es sagen. Ich habe mir halt überlegt, dass du doch so viele Geschichten von Menschen hörst, da hast du doch sicher eine Haltung dazu.« – »Das stimmt. Die habe ich. Aber«, gab ich zu bedenken, »das eine ist natürlich meine ganz persönliche Sicht der Dinge und mein persönliches Gefühl dazu. Und das andere sind die Erfahrungen von anderen Menschen, auf die ich aufgrund meiner Arbeit zurückgreifen kann. Aus denen könnte man vielleicht aber auch ganz andere Schlussfolgerungen ziehen, als ich es mache.« Aranka verstand sofort, wie das gemeint war: Grundsätzlich hat meine persönliche Meinung in Beratungsgesprächen überhaupt nichts verloren und ich unterstütze meine Klienten lediglich dabei, eine eigene Position zu finden. Es bringt niemandem etwas und wäre zudem unprofessionell, wenn ich beispielsweise sage, dass die Monogamie das Beste überhaupt ist, er oder sie selbst das aber ganz anders fühlt. Entsprechend lasse ich meine Klienten zwar immer gern an den Erkenntnissen anderer teilhaben, soweit das anonym möglich ist, halte mich als Individuum und mit Bewertungen aber so gut es geht zurück. »Keine Sorge«, erklärte sie mir, »ich werde mir natürlich eine eigene Meinung bilden. Und ja, vielleicht komme ich dann auch zu einem ganz anderen Ergebnis als du. Aber es würde mir einfach total helfen, das mit dir zusammen zu reflektieren.« – »O.k., gut«, setzte ich an und musste selbst einen Moment überlegen, wie ich mich diesem so sensiblen und vor allem komplexen Thema am besten nähern sollte. »Also, vorneweg: Erst mal muss man sicher bedenken, dass zu mir ja vor allem die Leute kommen, die Probleme mit der Liebe haben. Das verzerrt das Bild natürlich. Soll heißen: Wenn du einen Wedding Planner das Gleiche fragen würdest, würde der dir sicher was ganz anderes sagen …« Aranka schmunzelte. »Alles andere wäre ja auch ziemlich geschäftsschädigend für ihn.« – »Hm, ja, würde man erst mal so meinen«, dachte ich laut nach, »vielleicht wäre es das in letzter Konsequenz aber doch gar nicht. Aber lass uns mal Schritt für Schritt überlegen. Also, ja: Tatsächlich ist es so, dass Fremdgehen, Betrug oder Affären bei vielen meiner Klienten eine Rolle spielen. Bei sehr vielen. Und auch im Privatleben geht es mir ganz ähnlich wie dir. Ich höre auch andauernd solche Sachen: Wer wieder mit wem hinter welchem Rücken was gemacht hat und welche Partnerschaft daran wieder zerbricht. Und es ist klar, dass das Konstrukt Monogamie, genau wie du es gesagt hast, seit Jahrhunderten auch einen gesellschaftlichen Zweck erfüllt, neben dem romantischen, der noch gar nicht so alt ist. Ich muss zugeben: Ich bin auf dem Gebiet auch keine Expertin, mit der Geschichte der Monogamie und ihren Ursprüngen habe ich mich noch nie eingehender beschäftigt. Aber die entscheidende Frage ist ja vielleicht: Was könnte denn eine echte Alternative sein?« – »Na ja, ich hab bisher vor allem an offene Beziehung gedacht …?« Aranka sprach »offene Beziehung« beinahe wie etwas Verbotenes aus. »Ja, das wäre naheliegend«, bestätigte ich ihren Gedanken. »Aber«, ich dehnte dieses Aber ein wenig, »meiner Erfahrung nach klappt auch das in der Theorie häufig besser als in der Praxis.« – »Wie meinst du das?«, wollte sie wissen. »Wenn du magst, erzähle ich dir mal von zwei Beispielen.« »Ja, bitte, unbedingt.« Aranka schaute mich interessiert an.

»Ich hatte mal eine Klientin in der Beratung, die mit ihrer langjährigen Beziehung eigentlich immer sehr glücklich gewesen war. Die beiden kannten sich seit dem Abi und mit Ende zwanzig fragte er sie, ob sie heiraten wollten. Und obwohl meine Klientin sich wie gesagt eigentlich sehr wohlfühlte in dieser Partnerschaft, bekam sie plötzlich Angst, etwas verpasst zu haben. Sie wollte ihren Freund zwar heiraten, aber hatte das Gefühl, sich vorher noch ein wenig ausleben zu müssen. In verschiedenen Medien hatte sie von offenen Beziehungen gehört und schließlich fragte sie ihn – das war, bevor sie zu mir kam –, ob es für ihn okay wäre, genau das zu tun: die Beziehung noch für ein, zwei Jahre zu öffnen, ehe sie dann heiraten würden. Er war nicht sehr begeistert von der Idee, aber sie hat ihn, wie sie mir später sagte, regelrecht überredet. Und er hatte insgeheim wohl das Gefühl, keine echte Wahl zu haben. Denn natürlich wollte er nicht, dass seine Freundin ihr Leben lang denken würde, etwas versäumt zu haben. Innerlich zähneknirschend stimmte er also zu.« Aranka machte ein skeptisches Gesicht. »Genau«, nahm ich ihren Ausdruck auf,

»das ist leider nicht gut gegangen. Die beiden haben einige Monate so gelebt, aber im Grunde war es ja gar nicht das, was er wollte. Dadurch hat sich emotional so viel aufgestaut, dass die Beziehung daran schlussendlich zerbrochen ist. Nach zehn Jahren. Meine Klientin hat es wahnsinnig bereut, denn eigentlich liebte sie ihn sehr.« – »Oh Mann, wie traurig.« – »Ja. Sie konnte am Ende zwar Verständnis für sich selbst und ihr damaliges Handeln entwickeln, wünschte sich aber trotzdem, niemals so entschieden zu haben.« »Das muss fürchterlich für beide gewesen sein«, vermutete Aranka und lag damit vollkommen richtig. »Das andere Paar, von dem ich dir erzählen kann, hat sich tatsächlich einvernehmlich dafür entschieden, die Beziehung zu öffnen. Die beiden haben vorher sogar ziemlich klare Regeln aufgestellt, was erlaubt ist und was nicht und wie konkret sie gegenseitig davon wissen wollen, was der andere so macht. In der Theorie klang das alles eigentlich optimal. Anfangs hat es auch wirklich geklappt. Aber dann hat er sich in eine der Frauen, mit denen er Sex hatte, verliebt – dass Emotionen im Spiel sein könnten, war jedoch nie Teil des Plans gewesen, es sollte nur um das Körperliche gehen. Theorie und Praxis eben. Die beiden sind durch eine schwere Zeit gegangen, in der er ein paarmal bei mir war. Sie sind zusammengeblieben, haben das Experiment ›Offene Beziehung‹ aber danach für gescheitert erklärt.«

Aranka hatte sehr konzentriert zugehört. »Genau so was wäre irgendwie auch meine Befürchtung«, meinte sie jetzt. »Dass man sich am Ende eben doch verliert, wenn man als Paar grundsätzlich nicht monogam lebt.« – »Ja, und wenn du mich nach meiner ganz persönlichen Meinung fragst: zu Recht. Offene Beziehungen können zwar definitiv funktionieren und es gibt sicher Paare, die damit gut fahren. Aber ganz so einfach und verlockend, wie es heute manchmal dargestellt wird, sind sie meinem Gefühl nach eben doch nicht. Da müssen schon ziemlich spezielle Voraussetzungen und Konstellationen zusammenkommen, wenn das funktionieren soll, ohne dass einer von beiden verletzt wird.« Meine Klientin wirkte jetzt nachdenklich. »Und gibt es aus deiner Sicht dann überhaupt noch andere Optionen?«, wollte sie wissen. »Hm. Theoretisch könnte man natürlich auch noch über Polyamorie nachdenken. Oder darüber, aus Prinzip einfach gar keine festen Bindungen einzugehen.« Aranka runzelte die Stirn. »Nee, das scheidet für mich beides aus. Ich möchte schon in einer Zweierbeziehung leben. Ich frage mich wirklich nur, ob man genau die nicht irgendwie besser hinkriegen kann.« – »O.k., erwiderte ich, »dann lass uns die Sache doch vielleicht noch mal andersherum angehen und überlegen, was *keine* gute Option ist. Das sehe ich nämlich genauso wie du.« – »Betrügen und belügen!« – »Genau. Das ist immer Mist. Und zwar nicht nur, weil es so viel Vertrauen kaputt macht und wehtut, sondern auch, weil eine Lüge echte Nähe zwischen zwei Menschen verhindert, selbst wenn sie nicht auffliegt. Wenn wir das also auf jeden Fall vermeiden wollen und gleichzeitig offene Beziehung, Polyamorie und Singlebleiben als Möglichkeiten eher ausscheiden, dann kann man eigentlich nur noch an genau dieser Stellschraube drehen: Man verzichtet auf die Lügerei.« – »Das verstehe ich nicht«, sagte Aranka. »Keine offene Beziehung, aber sich im Fall der Fälle trotzdem nicht anlügen? Kommt das nicht aufs Gleiche raus?« – »Finde ich nicht. Für mich macht es einen großen Unterschied, ob man sich als Paar hinsetzt und ganz grundsätzlich sagt: Unsere Beziehung ist offen, mit all den unter Umständen schwierigen emotionalen Voraussetzungen und Bedingungen, die das mit sich bringt. Oder ob man sich gegenseitig einfach zusichert, immer ehrlich miteinander zu sein. Also dann, wenn sie wirklich akut auftreten, über die eigenen Bedürfnisse und Sehnsüchte zu sprechen, auch, aber natürlich nicht nur im sexuellen Bereich. Da geht es ganz viel ums Timing. Anstatt also zu beichten, wenn das Kind schon in den Brunnen gefallen ist, lieber vorher zu sagen: Ich merke, dass mir hier bei uns gerade etwas fehlt, oder ich habe eine Seite an mir entdeckt, die ich gern ausleben würde. Aber auch wie bei dem Paar, von dem ich dir erzählt habe, rechtzeitig Bescheid zu geben, wenn etwas für einen *nicht* funktioniert – hätte der Verlobte meiner Klientin deutlicher Position bezogen und dazu gestanden, dass das Modell offene Beziehung nichts für ihn ist, vielleicht hätten sie dann doch noch einen gemeinsamen Weg gefunden – auch auf die Gefahr hin, damit andere große Probleme loszutreten. Eine Möglichkeit hätte ja zum Beispiel auch sein können, zusammen sexuelle Abwechslung zu suchen. Verstehst du, wie ich meine?« Aranka nickte. »Klar. Dann geht es darum, mit dem anderen immer schonungslos ehrlich zu sein. Und dann gemeinsam nach einer Lösung zu suchen?« – »Genau. Das Ziel wäre, dass man sich gegenseitig total angenommen fühlt – auch wenn man mal Lust auf Sex mit jemand anderem verspürt oder Angst hat, irgendwas zu verpassen. Und dass man weiß, dass der andere das nicht automatisch persönlich nimmt oder eifersüchtig wird, sondern es zunächst als Teil des Menschseins begreift, der sich wohl einfach nicht von der Hand weisen lässt. Zumal dann ja auch erst mal noch gar nichts passiert ist. Man kann darüber reden. Und indem man sich mit dieser Offenheit begegnet und über lange Zeit immer wieder in einen tiefen Austausch mit gegenseitigem Verständnis tritt, entsteht meiner Überzeugung nach eine so intensive Verbundenheit, dass der Zweierverbindung kaum noch etwas gefährlich werden kann.«

Einige Momente lang blieb es still. Aranka schien über meine Worte nachdenken zu müssen, die mir zugegebenermaßen selbst etwas durcheinander und schwer greifbar vorkamen. »O.k.«, begann sie, »aber jetzt noch mal ganz konkret. Angenommen, ich rede morgen mit Malte und sage ihm: ›Du ich will mit dir zusammen sein, aber ich habe Sorge, dass die Monogamie auf Dauer eigentlich nicht in der Natur des Menschen liegt. Und gerade weil ich dich so schätze, möchte ich auf keinen Fall, dass es irgendwann so weit kommt, dass wir uns gegenseitig belügen. Lass uns vereinbaren, immer ehrlich zueinander zu sein und den Mut zu haben, all unsere Bedürfnisse offen auszusprechen, und dann schauen wir, ob wir zusammen eine Lösung finden.‹ Und in fünf Jahren bittet er mich dann um ein Gespräch und sagt: Ich möchte gern mit unserer Nachbarin Sex haben. Was mache ich dann? Sage ich ›Nein, das geht für mich leider nicht‹, dann fühlt er sich eingeengt. Sage ich ›O.k., mach das‹, kann es ja trotzdem passieren, dass er sich in die Nachbarin verliebt?« – »Ja, das könnte es natürlich, das stimmt«, bestätigte ich. »Aber das kann man in letzter Konsequenz ja niemals kontrollieren. Weder mit Ehrlichkeit noch mit erzwungener Monogamie oder Eifersucht und auch nicht mit einer offenen Beziehung. Menschen verlieben sich ineinander, ob mit Sex oder ohne, und leider manchmal auch, obwohl sie schon vergeben sind. Das ist das Leben und es verhindern zu wollen, ist meiner Meinung nach eine Illusion. Aber allein, dass Malte wüsste, er dürfte so ein Bedürfnis aussprechen, ohne dass es per se ein Tabu ist – genauso wie du andersherum auch –, nimmt der ganzen Sache meiner Erfahrung nach schon mal jede Menge Druck. Viele Fremdgeh-Geschichten entstehen ja gerade aus dem Gefühl, nicht mehr frei zu sein, aus dem Reiz des Verbotenen. Es kann also gut sein, dass er dich zwar mit diesen Gedanken konfrontiert, aber es für ihn danach auch okay ist, das Ganze nicht weiter auszuleben, wenn es für dich ein Problem bedeutet. Weil er sich von dir eben sehr angenommen und mit dir verbunden fühlt. Viele Menschen spüren instinktiv, dass das mehr wert ist als eine schnelle Verliebtheit oder Sex. Und«, ergänzte ich, »möglicherweise wäre es für dich in fünf Jahren auch gar kein so großes Thema, wie du es dir jetzt vorstellst, weil eure Beziehung dann schon ein sehr solides Fundament hätte. Aber selbst, falls der Worst Case eintreten würde und ihr als Paar an so einer Situation zerbrecht, dann würde das mit Respekt geschehen und ohne dass Vertrauen missbraucht wurde. Und du hast in der Zeit, die ihr zusammen wart, einen Menschen an deiner Seite gehabt, der freiwillig und aus Liebe zu dir monogam gelebt hat und nicht, weil er Angst vor irgendwelchen Konsequenzen hatte. Deswegen sind Ehrlichkeit und Offenheit für mich die beste Option: Sie schaffen Nähe, Respekt und echtes Vertrauen.«

Aranka löste sich nun aus ihrem Lotussitz, streckte die Beine und stützte sich mit den Ellbogen in der Wiese auf. »Danke, Elena, für diese Gedanken. Ich muss das in Ruhe sacken lassen, das war ganz schön viel. Aber ich glaube, das leuchtet mir alles sehr ein«, sagte sie. »Und um ehrlich zu sein, merke ich vor allem, dass ich ein bisschen erleichtert bin. Ich hab mir vor unserem Gespräch schon vorgestellt, wie ich mit Malte rede und ihm vorschlage, sozusagen prophylaktisch eine offene Beziehung zu führen. Aber so richtig gut hätte sich das gerade eigentlich nicht angefühlt. Den Wunsch zu äußern, dass wir auch in dieser Hinsicht immer ganz ehrlich und offen über alles sprechen, wird mir viel leichter fallen.« Das konnte ich gut nachvollziehen. »Das Wichtigste ist ohnehin, als Paar immer im Austausch zu bleiben, anstatt irgendwelche starren Regeln einzuführen. Könnte ja zum Beispiel auch sein, dass ihr in zehn oder zwanzig Jahren dann doch noch übereinkommt, eure Partnerschaft zu öffnen, wenn sich das für euch beide zu diesem Zeitpunkt richtig anfühlt. So was ist, genau wie man selbst, immer im Wandel und es ist gut, den zuzulassen.« Aranka zwinkerte mir zu. »In zehn oder zwanzig Jahren – du bist ja sehr optimistisch, dafür, dass ich Malte gerade mal ein paar Monate kenne!« – »Stimmt! Aber für mich klingt das, was du erzählst, bisher einfach alles sehr, sehr gut«, meinte ich. »Ehrlich. Und ich finde es super, wie du das angehst, Aranka.« Sie lächelte, ehe sie flüsterte: »Ich habe einfach das Gefühl, das mit Malte könnte was richtig Gutes werden …« – »Ich wünsche es dir von ganzem Herzen«, antwortete ich und merkte, wie mein Herz bei diesem Satz tatsächlich für einen Augenblick ganz warm wurde. Es ist jedes Mal wieder wunderschön, wenn ich einen Menschen, der vor wenigen Monaten noch voll Traurigkeit und Schmerz vor mir saß, so glücklich erleben darf. »Spätestens wenn ich einen Wedding Planner beauftrage, sage ich dir Bescheid!«, scherzte Aranka. »Dann können wir ihn oder sie ja mal zusammen zum Thema Monogamie interviewen.« – »Das machen wir«, stimmte ich fröhlich zu. »Ich kann mir vorstellen, dass die mit deutlich weniger Fällen von kalten Füßen kurz vor der Hochzeit zu tun hätten, wenn sie ihre Kunden inspirieren würden, die Sache mit der Monogamie nicht ganz so starr und für alle Zeiten in Stein gemeißelt zu sehen …« Aranka legte den Kopf schief. »Und erst die Scheidungsanwälte, die hätten dann vielleicht auch viel weniger zu tun!« Sie machte erneut ihr Goofy-Glucksen. »Möglicherweise würden aber auch kaum Leute überhaupt noch heiraten, wenn das gar nicht mehr garantiert, dass man den anderen exklusiv für sich hat …« – »Tja«, resümierte ich, »das kann auch sein.

Am Ende muss da, wie immer im Leben, wohl jeder seinen eigenen Weg finden.«

Wir redeten noch eine ganze Weile über andere Dinge. Aranka erzählte mir von ihrer Arbeit, von München und wie sie Malte kennengelernt hatte. Als wir unser Gespräch beendeten, waren fast zwei Stunden anstelle der eigentlich geplanten 60 Minuten vergangen. Aber das fühlte sich einfach richtig an.

♥

Die Monogamie und ihre Grenzen – das ist ein sehr sensibles Thema. Ich weiß nicht, wie du es siehst und fühlst und ob ich mit dem, was ich dazu gerade geschrieben habe, großen Widerstand oder erleichterte Zustimmung in dir ausgelöst habe. Ziemlich sicher bin ich nur, dass jede und jeder dazu eine Meinung in der einen oder anderen Richtung hat. Und ich verstehe und vermute, dass es für die allermeisten Menschen eine wunderschöne, romantische, Sicherheit spendende und den Selbstwert stärkende Vorstellung ist, für den Partner auf Dauer der oder die Einzige zu sein.

In meiner Arbeit werde ich, wie ich es auch Aranka erzählte, leider sehr häufig mit den Grenzen der Monogamie konfrontiert. Ich erlebe Betrogene, Betrügende und diejenigen, die oft die heimliche dritte Person in einer Zweierbeziehung sind. Es ist ein Dreieck des Schmerzes, der Verzweiflung, des Vertrauensverlusts, aus Wut, Enttäuschung, Unsicherheit und Ängsten, das sich mir da präsentiert – und zwar (und ich weiß, das wird nicht für jeden leicht zu lesen sein) an all seinen drei Positionen: Wer von seinem Partner belogen und betrogen wurde, wer selbst belogen und betrogen oder dazu beigetragen hat, *alle* nehmen dabei *immer* Schaden. Unterschiedlich intensiv, unterschiedlich lang, unterschiedlich bewusst und mit unterschiedlichem Schwerpunkt. Aber dennoch.

Ich habe in Arankas Geschichte schon recht ausführlich beschrieben, wie ich zu den Alternativen der Monogamie bisher stehe und für wie schwierig lebbar ich auch sie in den meisten Fällen halte: Offene Beziehungen, Polyamorie oder der grundsätzliche Verzicht auf feste Bindungen scheinen mir allesamt keine massentauglichen Alternativen zu sein. Im Gegenteil: Ich glaube an die Zweierbeziehung, auch weil ich schon oft genug miterleben durfte, wie erfüllend und wunderschön sie ist, wenn sie gelingt. Das Entscheidende ist aus meiner Sicht also, dass wir als »Grenzposten« der Monogamie nicht Lügen und Betrug einsetzen sollten. Sondern Offenheit, Ehrlichkeit und die aus ihnen resultierende Nähe. So kann sich die monogame Beziehung in manchen Fällen in beidseitigem Einverständnis öffnen und in anderen ebenso bewusst geschlossen bleiben. Vor allem aber wird verhindert, dass wir einander Schmerz zufügen, uns verletzen und misstrauen.

Mir ist klar, dass ich allen Beteiligten damit sehr viel Mut und Stärke abverlange. Zu seinen eigenen Bedürfnissen zu stehen und zusätzlich auch die des Partners, die einem auf den ersten Blick vielleicht gar nicht gefallen, anzuerkennen, ohne sie auf sich selbst zu beziehen, ist eine wirklich große Leistung. Aber sie wird mit einer tiefen Verbundenheit, mit Vertrauen und dem Gefühl, ganz man selbst sein zu dürfen, belohnt. Denn die Grenzen der Monogamie umgeben nicht nur den Partner, sondern auch einen selbst.

PS für dein Herz:

Sei mutig herauszufinden, wie du wirklich zum Thema Monogamie denkst und fühlst. Trau dich, mit deinem Partner darüber zu sprechen. Hört weniger auf das, was andere sagen, und mehr auf das, was sich für euch als Paar richtig anfühlt. Es ist nicht schlimm, an die Grenzen der Monogamie zu stoßen – es kommt nur darauf an, ob und wie man sie überschreitet.

10.

»Warum liebe ich, wie ich liebe?«

Über die wichtigste und leider auch schwierigste Frage des L(i)ebens

Als mein Sohn im Frühjahr 2018 zur Welt kam, habe ich mich für einige Zeit komplett aus meiner Arbeit als Liebeskümmerin zurückgezogen und die Betreuung unserer Klienten meinen wundervollen Kolleginnen überlassen. Ich liebe meine Arbeit sehr, fühlte aber dennoch, dass ich jetzt vollkommen für mein Kind da sein wollte. Ein Wunsch, der sich mit den so intensiven und auf absolute Verlässlichkeit angewiesenen Beratungsprozessen nicht hätte vereinbaren lassen. Um mich in dieser Phase (es wurden am Ende ganze zwei Jahre) dennoch auch beruflich weiterzuentwickeln, begann ich ein halbes Jahr nach der

Geburt eine Weiterbildung als »Krisenbegleiterin für Babys, Kleinkinder und deren Eltern«. Darin wurden viele Facetten der Eltern-Kind-Beziehung, Wissen zu Bindungstheorie, Säuglingsforschung und die zahlreichen Themen und Problematiken, die sich in diesem Kontext ergeben können, behandelt. Meinen eigenen Sohn konnte ich zu den Ausbildungswochenenden mitnehmen und während ich lernte, schlief er meist zufrieden in meinen Armen.

Natürlich erzählte ich in meinem privaten Umfeld ab und zu davon, dass ich diese Ausbildung begonnen hatte, und erntete dann jedes Mal irritierte Fragen: »Wie jetzt, hörst du etwa auf mit den Liebeskümmerern? Warum?« – »Wirst du jetzt mit Babys arbeiten?« – »Ist das mit dem ganzen Schmerz und der Traurigkeit anderer Leute zu belastend für dich geworden?« Bald gewöhnte ich mir also an, einfach direkt dazuzusagen: »Ich mache das nicht, weil ich mich beruflich umorientieren will, sondern für die Liebeskümmerer. Bei ganz vielen Menschen sind die Beziehungsprobleme, die sie als Erwachsene haben, nämlich schon in der frühen Kindheit angelegt worden. Das möchte ich irgendwie noch praktischer, noch greifbarer verstehen, um ihnen besser helfen zu können.«

Ich bin mir sicher, dass einigen meiner Freunde und Bekannten, auch wenn sie mich wirklich mögen und meine Arbeit schätzen, sofort ein typisches und meinem Eindruck nach recht negativ konnotiertes Psychotherapie-Klischee durch den Kopf ging: »Egal, was du hast, wenn du einem Psychotherapeuten glaubst, ist immer deine Kindheit daran schuld oder besser: deine Eltern!« Und ja, vielleicht hatte ich vor der Gründung der Liebeskümmerer sogar selbst noch so gedacht. Denn ist diese Ursachenforschung in der Kindheit, wenn man als erwachsener Mensch Probleme hat, nicht bloß eine faule Ausrede? Sind wir ab irgendeinem Punkt nicht alle für uns, unser Fühlen und Handeln allein verantwortlich, Kindheit hin oder her? Von »Schuld« mal ganz zu schweigen, schließlich wollen doch alle Eltern nur das Beste für ihre Kinder!

Heute, viele Jahre und vor allem zahlreiche Beratungsgespräche später, denke ich anders. Zwar würde ich noch immer nicht von »Schuld« sprechen, denn tatsächlich liebt die absolute Mehrheit der Eltern ihre Kinder über alles und möchte ganz sicher keinen seelischen Schaden bei ihnen anrichten. Aber die Ursache für so viele Probleme, die Menschen in Partnerschaften und in der Liebe erleben, in der eigenen Kindheit zu suchen, ist dennoch keine »faule Ausrede«. Im Gegenteil. Und das hat mir weniger die Theorie in irgendwelchen Lehrbüchern, sondern in erster Linie die tiefgehende Auseinandersetzung mit meinen Klienten gezeigt. Inzwischen würde ich sogar so weit gehen zu behaupten, dass es eines der größten unlösbaren Probleme von uns Menschen ist, dass so vieles in uns schon in den ersten drei Jahren unseres Lebens »angelegt« wird – zum Beispiel unser Bindungsstil, unser Vertrauen oder eben Nichtvertrauen in das Leben und die Welt, unser Selbstwert – und dass wir alle gleichzeitig eine quasi komplette Amnesie für diesen Zeitraum haben. Selbst wenn unsere Eltern und andere enge Bezugspersonen versuchen würden, uns im Erwachsenenalter so gut es geht zu berichten, was wir als Babys und Kleinkinder alles erlebt haben, wie mit uns umgegangen wurde und welche Reaktionen und Emotionen das in uns ausgelöst hat – es würde doch immer ein riesiges Loch bleiben. Eine Blackbox, auf die wir einfach keinen Zugriff haben. Zumal man in vielen Fällen davon ausgehen müsste, dass die Personen, die uns im Guten wie im Schlechten geprägt haben, gar nicht dazu bereit wären, über Dinge zu sprechen, die sie selbst in ein negatives Licht rücken könnten.

Manche Menschen wundern sich also ein Leben lang über ihre eigene Gefühlswelt, begreifen nicht, warum sie sich in bestimmten (Beziehungs-)Situationen so verhalten, wo Empfindungen wie beispielsweise Verlustangst, Beklemmungen bei zu viel Nähe, innere Leere, Einsamkeit oder auch destruktive Kommunikationsmuster herkommen. Ausgelöst durch eine Beziehungskrise (oder mehrere), durch ein psychisches Leiden oder ein anderes belastendes Lebensereignis gehen sie vielleicht zum Psychotherapeuten und finden dort heraus, dass ihre vermeintlich unbeschwerte Kindheit gar nicht so glücklich war, wie sie immer dachten. Denn man muss längst kein Kindheitstrauma im Sinne von psychischer und physischer Misshandlung, von Katastrophe oder Verlust erlebt haben, um dennoch in gewisser Weise ein »traumatisiertes« Kind zu sein. Häufig gibt es eben auch Situationen und Erlebnisse, die oberflächlich betrachtet recht unspektakulär und »normal« erscheinen, in einer kleinen Seele aber großen Schaden anrichten können. Was ich damit meine, möchte ich dir jetzt am Beispiel von Karl erzählen, der mir lange Zeit vor meiner »Baby-Ausbildung« begegnete, aber ganz sicher auch dazu beigetragen hat, dass ich später beschloss, mich zu diesem Thema fortzubilden.

Mein erstes Aufeinandertreffen mit Karl sollte an einem frühlingshaften Montagmittag kurz vor Ostern stattfinden. Da die Praxisräume über das Wochenende leer gestanden hatten, war ich extra etwas früher gekommen, um noch in Ruhe durchlüften zu können. Nachdem ich ein paar Unterlagen sortiert hatte, öffnete ich also die Fenster und lehnte mich hinaus – ich hatte noch zehn Minuten Zeit und konnte gar nicht genug von dieser fast schon ein bisschen nach Sommer duftenden Luft bekommen. Im Park gegenüber sah ich Menschen auf Bänken und Wiesen, die in der Sonne einen Mittagssnack genossen oder ein Nickerchen hielten. Andere schlenderten fröhlich den Fußweg entlang und hatten ihre Jacken und teilweise sogar Pullover ausgezogen. Vom Spielplatz schräg gegenüber hörte ich ein ausgelassenes Kinderlachen. Es war diese verheißungsvolle Stimmung, wie sie typisch für die ersten warmen Tage im Jahr ist: ein kollektives Aufatmen nach einem wieder mal viel zu langen Winter. Einzig unten, im Schatten direkt vor dem Haus, stand ein Mann – oder vielmehr ein »Herr« –, der irgendwie nicht in die Kulisse passen wollte: Er war sicher 1,90 Meter groß, trug einen eleganten, langen Kamelhaarmantel, hatte einen dunklen Hut auf dem Kopf und seine ernste Miene zeugte von sicher 60 oder mehr Lebensjahren. Zwischen all den gut gelaunten Menschen wirkte er auffällig unberührt, wie er kerzengerade dastand und, ungeachtet der Frühlingsgefühle der anderen, ins Leere schaute. Dann und wann warf er zwar einen Blick auf seine Armbanduhr, kehrte dann aber zu seiner ursprünglichen Pose zurück. Er schien wohl auf irgendjemanden oder irgendetwas zu warten, genau wie ich auf meine neue Klientin, von der ich bisher nicht mehr wusste, als dass sie Josefine hieß und ihren Termin bei mir vor zwei Wochen über unsere Website gebucht hatte. Gleich sollte sie eintreffen. Ich nahm also noch einen letzten, tiefen Atemzug der warmen Luft, schloss dann die Fenster und stellte Wasser und zwei Gläser bereit.

Die Digitalanzeige meines Handys, das ich noch kurz hatte stummschalten wollen, sprang gerade auf 13 Uhr, als es schellte. Donnerwetter, das war Timing! Ich musste anerkennend schmunzeln, während ich das Telefon beiseitelegte und dann die Tür öffnete. Man muss mir mein Erstaunen deutlich angesehen haben – denn vor mir im Flur stand nicht wie erwartet eine sehr pünktliche Frau namens Josefine, sondern der Herr von der Straße, den ich eben noch beobachtet hatte. »Guten Tag, mein Name ist Karl Steiner, ich habe einen Termin bei Ihnen«, sprach er mich, ungeachtet meiner Verwunderung, an und streckte seine Hand aus, die ich auch reflexartig ergriff. »Guten Tag, Herr Steiner«, erwiderte ich etwas zögerlich und spürte, wie meine Fingerknochen in seiner Rechten schmerzhaft aufeinandergedrückt wurden. Autsch! »Sind Sie sicher? Das hier ist die Liebeskümmerer-Praxis, wollten Sie vielleicht zum Steuerberater ein Stockwerk höher …?« Uns trennte immer noch die Türschwelle und ich machte auch gar keine Anstalten, ihn hereinzubitten, so sicher war ich, dass ein Fehler vorliegen musste. Karl jedoch schüttelte den Kopf und ließ meine Hand zum Glück wieder los. »Nein, das ist korrekt. Frau Sohn, richtig?« Nun war ich wirklich irritiert. »Ja. Sie müssen mir, fürchte ich, etwas auf die Sprünge helfen, ich warte eigentlich gerade auf eine Klientin …« – »Auf Josefine Steiner, vermute ich?« Karl wusste eindeutig besser Bescheid als ich. »Das ist meine Tochter. Sie hat mir den Termin hier bei Ihnen geschenkt. Also, gebucht. « Nun wurde mir einiges klarer. »Verstehe«, sagte ich dennoch nach wie vor etwas verhalten. »Das hat sie bei der Buchung nicht vermerkt. Wir müssen mal schauen, wie wir das machen. Hm. Eigentlich raten wir explizit davon ab, dass Gesprächsstunden bei uns verschenkt werden. Aber kommen Sie erst mal rein, das können wir ja alles drinnen klären.« Ich bedeutete ihm hereinzukommen, woraufhin Karl allerdings keine Anstalten machte, über die Schwelle zu treten. »Ach, da haben wirs! Ich habe meiner Tochter gleich gesagt, dass das eine Schnapsidee ist«, sagte er bestimmt. »Sie können ihr das Geld erstatten und dann gehe ich jetzt einfach wieder.« Und schon war er im Begriff, kehrtzumachen. »Nein, nein«, lenkte ich schnell ein. »Kommen Sie doch bitte erst mal kurz rein und erklären mir, wie es dazu gekommen ist. Wenn wir dann beschließen, dass Sie wieder gehen, muss Ihre Tochter natürlich nichts zahlen.« Karl überlegte einen Moment, dann nahm er den Hut vom Kopf, unter dem dichtes graues Haar zum Vorschein kam.

»Na gut, nun bin ich ja schon hier und habe auch nichts anderes vor. Aber dann will ich Sie wirklich nicht lang aufhalten.« Ohne seinen Mantel auszuziehen, folgte er mir in den großen Praxisraum und nahm auf dem Sofa Platz.

Was für eine seltsame Situation – manchmal fragen zwar Mütter bei uns an, die ihren vor Liebeskummer verzweifelten Töchtern eine Beratung bei uns schenken wollen, oder zwischen besten Freundinnen kommt das auch ab und zu vor. Aber eine Tochter, die ihrem Vater eine Stunde bei mir schenkt, das hatte es noch nie gegeben. »Es ist so«, erklärte ich Karl also erst einmal, »dass für den Erfolg einer Beratung, wie wir sie anbieten, ganz wichtig ist, dass unser Klient sich aus eigener Motivation auf das Gespräch einlässt. Wenn jemand zu uns ›geschickt‹ wird, der das vielleicht gar nicht wirklich möchte, bringt es leider meist nicht so viel. Ich weiß nicht, wie Sie das in Ihrem Fall einschätzen …?« Ich war mir nicht ganz sicher, wie gut Karl mir überhaupt zugehört hatte, denn während ich sprach, war sein Blick durch den Raum gewandert. Bei manchen Dingen, die er dabei entdeckte, meinte ich, einen deutlichen Ausdruck von Skepsis in seinem Gesicht zu erkennen: zwei Matratzen, eine Kiste mit Stofftieren, Bällen und allerlei anderen Spielzeugen, die ich für die Körperarbeit mit meinen Klienten benutze. Ein Flipchart mit der Zeichnung eines großen Herzens mit verschiedenen Begriffen darauf. Doch nun straffte er sich und sah mich an. »Also«, erklärte er mir in geschäftsmäßigem Ton, »es gibt natürlich durchaus einen Grund, weshalb meine Tochter auf die Idee kam, diesen Termin für mich zu vereinbaren. Es gab tatsächlich schon einmal Zeiten, in denen es mir besser ging. Natürlich würde ich daran gern etwas ändern, wer würde das nicht. Allerdings habe ich ihr auch gleich gesagt, dass ich skeptisch bezüglich der Wirksamkeit solcher …« – er suchte das passende Wort, während sein Blick erneut die vielen Therapieutensilien streifte – »… psychologischen Unterhaltungen bin. Da möchte ich ganz ehrlich zu Ihnen sein.« Ich mag es grundsätzlich, wenn Menschen geradeheraus ihre Meinung sagen, und kann damit viel besser umgehen, als wenn jemand lang um den heißen Brei redet oder – noch schlimmer – still und heimlich ganz andere Dinge denkt, als er nach außen kommuniziert. Denn Letzteres ist nicht nur blöd für mich, sondern auf Dauer auch ungesund für mein Gegenüber. »Das kann ich gut so annehmen«, antwortete ich Karl also. »Und ein bisschen Skepsis halte ich im Übrigen auch für vollkommen angebracht, wenn man sich mit so persönlichen, wichtigen und emotionalen Dingen in fremde Hände begibt. Nicht jeder geht damit nämlich wirklich verantwortungsvoll um.« Karl nickte, wenngleich ich mir recht sicher war, dass seine Skepsis weniger der Qualität meiner konkreten psychologischen Dienstleistung als vielmehr der Sache an sich galt. »Die Frage ist ja«, fuhr ich fort, »woran würden Sie denn merken, dass potenzielle Gespräche zwischen uns in Ihrem Sinne *wirksam* sind? Wenn ich das weiß, kann ich Ihnen besser prognostizieren, ob es sich für Sie lohnen könnte, sich auf eine Zusammenarbeit einzulassen.« Noch während ich das aussprach, nahm ich verblüfft zur Kenntnis, wie sehr ich den offiziellen Tonfall meines Klienten spiegelte. Nicht nur, dass ich für mich in diesem Kontext eher ungewöhnliche Begriffe wie »Zusammenarbeit« und »prognostizieren« benutzte – irgendetwas in Karls Präsenz ließ mich auch nicht einmal im Ansatz auf die Idee kommen, ihn zu duzen, wie es sonst mit meinen Klienten unabhängig von deren Alter vollkommen üblich ist. Für den Moment erschien mir das aber okay. »Danke erst einmal für Ihr Verständnis«, nahm nun Karl den Faden wieder auf. »Und ja, ich denke, ich kann das recht klar benennen.« Er formte mit einer Hand eine Faust, spreizte dann den Daumen ab. »Erstens: Ich würde besser verstehen, was passiert ist.« Er spreizte den Zeigefinger. »Zweitens: Ich könnte es in Zukunft ändern.« Es folgte der Mittelfinger. »Drittens: Es würde mir besser gehen.« Er betrachtete seine drei Finger und machte eine kurze Pause, wohl um zu überlegen, ob er den nächsten Gedanken wirklich noch aussprechen sollte. »Ich möchte Ihnen nicht zu nahe treten, junge Frau. Aber ich brauche etwas Greifbares, nicht nur Gerede. Man kann über so vieles nachdenken, aber das bringt nichts, wenn es nichts ändert. Das sage ich auch meiner Tochter immer.« Seine Zählhand verwandelte sich wieder in eine Faust.

Karls fordernde Art hätte mich erschrecken oder verunsichern können. Aber zum Glück hatte ich zu diesem Zeitpunkt meiner Selbstständigkeit als Liebeskümmerin schon einige Klienten erlebt, die mit einer noch wesentlich anspruchsvolleren Haltung zu mir gekommen waren. Einmal hatte ein Mann vor mir gesessen und gesagt, er sei ja jetzt hier, ich sollte mit dem Finger schnipsen oder irgendetwas in der Art tun, damit es ihm besser ginge. Nachdem ich ihm erklärt hatte, dass er mit dieser Einstellung eventuell besser bei einer Wunderheilerin aufgehoben wäre und ich mich als An- und Begleiterin eines vollkommen seriösen Prozesses, nicht aber als Zauberin verstand, hatten wir tatsächlich noch eine sehr erfolgreiche Zeit miteinander verbracht. »Zu Punkt 1«, erklärte ich Karl also, indem ich erneut seinen eigenen Sprachstil benutzte: »Die Wahrscheinlichkeit, dass ich Ihnen helfen kann, besser zu verstehen, was passiert ist, ist recht groß. Wenngleich ich das natürlich nur bedingt einschätzen kann, ohne zu wissen, worum konkret es geht. Aber ich sage mal so: Bisher ist, denke ich, noch jeder hier mit einem Erkenntnisgewinn rausgegangen. Was nicht daran liegt, dass ich die Dinge so viel besser durchschaue, sondern dass ich mit Ihnen tief ins Gespräch gehen und Sie zusätzlich an meinen Erfahrungen teilhaben lassen kann.« Karl hörte mir aufmerksam zu, schien aber noch nicht überzeugt. »Zu Punkt 2«, fuhr ich fort, »möchte auch ich, so wie Sie gerade, ganz ehrlich sein: Ich kann Ihnen leider nicht versprechen, dass Sie etwas werden ändern können, denn das liegt außerhalb meines Einflussbereichs. Ändern können Sie nur selbst, ich kann lediglich Vorschläge machen. Entsprechend kann ich auch für Punkt 3, dass es Ihnen besser gehen wird, keine Garantie geben.« Ich lächelte Karl an. Ich hatte noch einen kleinen Joker in der Tasche. »Allerdings«, ergänzte ich dann, »ist Erkenntnisgewinn meiner Auffassung nach fast immer etwas Positives. Und definitiv die Voraussetzung dafür, etwas zumindest theoretisch überhaupt verändern zu können. Ergo:

Ich denke, Sie haben hier eventuell einiges zu gewinnen, aber mit großer Wahrscheinlichkeit nichts zu verlieren. Ob das für Sie ausreicht, um sich auf die Zusammenarbeit einzulassen, können Sie gern ganz in Ruhe entscheiden. Das muss meinetwegen auch nicht heute sein.« Auch wenn ich zugeben muss, dass Ehrgeiz und Neugier mich ein wenig gepackt hatten, wollte ich »Herrn Steiner« natürlich auf keinen Fall eine Beratung aufschwatzen, sondern jeden Druck von ihm nehmen, sodass er eine wirklich überzeugte, eigene Entscheidung treffen konnte. Doch Karl war, wie er ja schon angedeutet hatte, kein Mann der langen Grübeleien. »Nun gut. Mir gefällt, dass Sie mir keine falschen Versprechungen machen wollen, und Sie haben recht, außer ein wenig Zeit und etwas Geld gibt es nichts zu verlieren«, resümierte er. »Ich werde es also einfach mal ausprobieren. Meine Tochter wäre sonst wohl auch enttäuscht.« Auch wenn mir das letzte Argument nicht so gut gefiel, freute ich mich und war gleichzeitig auch wirklich gespannt, was für eine Geschichte von diesem streng wirkenden älteren Herrn mich nun erwarten würde. Wie jemand, der sich in großen, romantischen Gefühlen verlieren konnte, wirkte er auf den ersten Blick nicht gerade – aber das konnte selbstverständlich täuschen. »Na dann, legen wir los«, antwortete ich Karl. »Wollen Sie Ihren Mantel erst einmal ablegen?«

»Ihre Tochter hat Sie also dazu animiert, zu mir zu kommen«, stieg ich in unser eigentliches Gespräch ein. »Vielleicht erzählen Sie mir zunächst, wie es dazu gekommen ist?« Karl griff nach seinem Hut, den er nicht an der Garderobe aufgehängt hatte, und legte ihn sich auf den Schoss. »Meine Tochter heißt, wie Sie ja schon wissen, Josefine. Sie ist 32 Jahre alt, hat ein Restaurant hier in der Stadt und ist mein einziges Kind. Ich war mit ihrer Mutter 33 Jahre lang verheiratet, bin seit vier Jahren Witwer und seit zwei Jahren im Ruhestand. Vor einem Jahr habe ich eine Frau kennengelernt, mit der ich eine Partnerschaft eingegangen bin, aber sie hat sich nach wenigen Monaten wieder von mir getrennt. Jetzt bin ich wieder allein und Josefine meint, dass mir das nicht guttut und dass ich irgendetwas verkehrt gemacht habe mit dieser Bekanntschaft. Sie hat wohl von Ihnen und Ihrer Arbeit gehört und gedacht, das könnte hilfreich sein.« – »Das ist ja eine fürsorgliche Tochter, die Sie da haben«, kommentierte ich. »Ja, das ist sie wohl. Manchmal auch etwas anstrengend. Aber fürsorglich auf jeden Fall.« – »Und? Hat sie recht?«, wollte ich wissen. »Tut es Ihnen nicht gut, allein zu sein?« Karl griff nach seinem Hut und platzierte ihn nun doch wieder neben sich. »Wer ist schon gern allein?«, stellte er mir eine Gegenfrage. »Natürlich bin ich lieber mit jemandem zusammen, mit dem ich den Alltag teilen kann. Ich denke, das geht doch den meisten Menschen so. Und ja« – die folgende Aussage schien ihn etwas mehr Überwindung zu kosten – »ich hatte mich gefreut, wieder jemanden an meiner Seite zu haben, und war entsprechend enttäuscht, dass es doch nicht auf Dauer geklappt hat.« – »Das verstehe ich gut«, bestätigte ich Karl. »Und finden Sie, dass Josefine auch recht hat, wenn sie sagt, dass Sie irgendetwas *verkehrt* gemacht haben?« Karl, der bisher sehr bestimmt aufgetreten war, schien nun das erste

227

Mal ein wenig ins Schlingern zu geraten. Er schwieg für einige Augenblicke und klang dann holprig. »Also, ich weiß nicht. Also, ich weiß nicht, ob man das so sagen kann«, begann er. »Nein, ich denke eigentlich, nein, eher nicht. Es ist zwar definitiv etwas schiefgelaufen, aber …« Er stockte. »Aber ich bin mir da eigentlich keiner Schuld bewusst. Ich weiß zwar, dass meine Tochter das so sieht und dass sie es nur gut mit mir meint. Deshalb bin ich ja überhaupt bereit, hier zu sein.« Seine Stimme wurde wieder fester. »Aber meiner Meinung nach klappt es einfach zwischen Mann und Frau oder es klappt nicht. Da muss man doch gar nicht viel rumdoktern. Ich war länger verheiratet, als meine Tochter heute alt ist, und diese Ehe hat ja auch funktioniert. Vielleicht muss man gar nicht immer so viel analysieren. Die jüngere Generation neigt ja dazu …« Wie um mich bei dieser Aussage, die in gewisser Weise ja auch eine Kritik an meiner Arbeit war, nicht ansehen zu müssen, griff Karl erneut zu seinem Hut, dessen Krempe er kurz abrieb, als wollte er sie von – gar nicht vorhandenem – Staub befreien. »Vorhin sagten Sie aber«, erinnerte ich ihn, indem ich die Anspielung einfach ignorierte, »dass die Beratung hier für Sie wirksam wäre, wenn sie Ihnen helfen würde zu verstehen, was passiert ist und wie Sie es in Zukunft ändern könnten. Wenn Sie selbst denken, nichts verkehrt gemacht zu haben – wenn man von so was in diesem Zusammenhang überhaupt reden möchte –, dann wäre Ihr Wunsch, mit meiner Hilfe zu verstehen, was ansonsten schiefgelaufen sein könnte? Warum es also zwischen Ihnen und dieser Frau nicht geklappt hat? Damit Sie wissen, worauf Sie in

Zukunft achten sollten? Und Ihre Tochter dahingehend beruhigen können, dass es nicht an Ihnen lag …?«, mutmaßte ich. Schon wieder landete der Hut auf dem Sofa, während Karl nickte. »Ja, so könnte man es vermutlich sagen. Außerdem bin ich 67 Jahre alt und finde, das ist zu jung, um den Rest meines Lebens allein zu bleiben. Auch darum geht es. Für viele weitere Fehlversuche bleibt mir keine Zeit.«

Im Kopf resümierte ich kurz, was ich bis zu diesem Punkt wahrgenommen hatte: Einen Mann, der sagte, vor allem auf Drängen seiner Tochter hier bei mir zu sein. Der aber trotzdem zugab, so etwas wie Leidensdruck zu haben, und selbst den Wunsch äußerte, Hilfe von mir zu bekommen. Der psychologische Arbeit grundsätzlich kritisch und vielleicht sogar etwas abwertend betrachtete, sich aber dennoch die Zeit nahm, auf meinem Sofa zu sitzen. Dazu die akkurate Erscheinung, die betont selbstbewusste, förmlich-distanzierte Sprache und das nervöse Spiel mit seinem Hut. Das kam mir alles ein wenig widersprüchlich vor. Mein Bauchgefühl schlussfolgerte, dass ich es hier vermutlich mit jemandem zu tun hatte, der nach außen vorgab, »härter« zu sein, als er es tatsächlich war. Wenn das stimmte, musste ich jetzt sehr behutsam vorgehen, um den Mann hinter der Fassade nicht zu verschrecken. Denn sicher gab es einen guten Grund für sein Verhalten.

»Wir haben jetzt ja sehr allgemein über Ihre Situation gesprochen, Herr Steiner«, fuhr ich langsam fort, »und ich denke, ich habe gut verstanden, mit welcher Intention Sie hier bei mir sind. Im nächsten Schritt wäre für mich nun wichtig, mehr Details zu erfahren. Vielleicht erzählen Sie mir zum Beispiel erst einmal ein wenig darüber, wie Sie diese Frau kennengelernt haben, wie Sie die Beziehung empfanden und woran sie Ihrem Eindruck nach gescheitert ist?« Mit solchen Fragen hatte Karl offensichtlich gerechnet, denn seine sachliche Antwort kam wie aus der Pistole geschossen: »Sie heißt Luise, ist 63 Jahre alt und wie ich verwitwet. Pensionierte Gymnasiallehrerin. Wir haben uns im Restaurant meiner Tochter kennengelernt. Ich esse dort abends manchmal, seit meine Frau verstorben ist. Luise saß am Nachbartisch, wir kamen ins Gespräch, wie das eben so ist, und haben uns gut unterhalten. Wir haben viele gemeinsame Interessen und waren dann häufig zusammen im Museum, im Konzerthaus, in der Oper, im Kino. Ich habe Luise sehr geschätzt und mit viel Respekt und Großzügigkeit behandelt. Das reichte ihr aber nicht aus.« Er räusperte sich. »Wissen Sie, ich muss in der Öffentlichkeit nicht die Hand meiner Lebensgefährtin halten oder andere Liebkosungen austauschen.« Seinem Gesichtsausdruck nach stieß tatsächlich schon der bloße Gedanke daran ihm übel auf. »Wir sind ja keine zwanzig mehr. Luise hatte da andere Vorstellungen, da kann man nichts machen.« Er sprach den letzten Satz so aus, als gäbe es nichts zu ergänzen. »Und daran ist Ihre Verbindung zerbrochen?«, horchte ich dennoch sachte nach. »Weil Sie in der Öffentlichkeit nicht Luises Hand nehmen oder andere Liebkosungen austauschen wollten? Hat sie das so gesagt?« Ich konnte regelrecht spüren, dass es Karl unangenehm war, die Formulierungen

»Luises Hand nehmen« und »Liebkosungen austauschen« nun auch noch einmal aus meinem Mund zu hören. Wieder griff er nach dem Hut, der diesmal auf seinem rechten Knie landete. »Ja. Da kann man nichts machen. Mir geht es wie gesagt nur darum zu verstehen, weshalb ich nicht früher gemerkt habe, dass Luise nicht zu mir passt, und wie ich das bei der nächsten Bekanntschaft verhindern kann.« Es gab keinen Zweifel daran, dass Karl den Wunsch hatte, schnell das Thema zu wechseln und wieder auf sicheres Gesprächsterrain zurückzukehren. Aber so leicht wollte ich ihn trotz aller Behutsamkeit nicht von der Angel lassen. »Einen Moment«, setzte ich an, »bevor wir darüber sprechen, würde ich, wenn ich darf, gern noch eine Frage zu Luise und Ihnen stellen, Herr Steiner.« Er bedeutete mir zu reden. »Sie meinten ja, Ihre Tochter hätte Ihnen gegenüber geäußert, dass Sie mit Luise irgendetwas *verkehrt gemacht* hätten. Hat Josefine Sie beide denn überhaupt mal miteinander erlebt?« – »Selbstverständlich wir waren regelmäßig in ihrem Restaurant zum Essen und haben auch meinen Geburtstag im vergangenen Jahr alle zusammen verbracht.« – »Hm, hm«, gab ich mich nachdenklich. »Und was ist es, was Josefine genau meint? Hat sie Ihnen das erklärt?« Karl legte seinen Hut zurück aufs Sofa und winkte ab. »Ach, wie gesagt, meine Tochter ist sehr fürsorglich und sie meint es gut mit mir. Aber manches kann sie eben auch nicht so richtig verstehen. Ich habe Ihnen das ja vorhin schon gesagt, in Ihrer Generation« – seiner Betonung entnahm ich, dass er nun uns beide meinte, seine Tochter und mich – »sieht man eben vieles anders.« – »Ja, das erwähnten Sie«, erwiderte ich ruhig. »Falls es für Sie denkbar ist, es mir zu erzählen, würde mich dennoch interessieren, was genau Josefine gesagt hat. Einfach, damit ich mir ein besseres Bild machen kann.« Karls Augenbrauen zogen sich für einen kurzen Moment verstimmt zusammen, ehe er laut und beinahe etwas ruppig antwortete: »Sie findet, ich sei verschlossen und unfähig, meine Gefühle zu zeigen. Vollkommener Quatsch. Jeder zeigt seine Gefühle anders.« Er verschränkte die Arme.

Für einige Sekunden schaute ich Karl einfach nur an, der jedoch meinem Blick auswich. Seine Reaktion legte die Vermutung nahe, dass wir an einem wunden Punkt angelangt waren. Ich wollte ihm die Möglichkeit geben, sich erst einmal wieder ein wenig zu beruhigen. »Da haben Sie total recht. Es gibt viele unterschiedliche Wege, seine Gefühle zu zeigen. Welche wählen Sie denn in der Regel?«, horchte ich also nach, woraufhin Karl mich wieder anschaute. »Na, das sagte ich doch schon!« Seine Stimme war etwas ruhiger, doch seine Arme blieben verschränkt. »Ich habe Luise mit viel Respekt und Großzügigkeit behandelt. Und ich kümmere mich um Dinge, um die ein Mann sich eben kümmern sollte: Alles, was körperlich anstrengend ist, Handwerkliches, Organisatorisches und natürlich Finanzen. So habe ich das in meiner Ehe auch gemacht und meine Frau war immer sehr dankbar dafür.« Wie um das zu unterstreichen, lösten seine Arme sich nun und er nahm eine – ich kann es wirklich nicht anders beschreiben – Musterschülerpose ein: Kerzengerade und mit den Händen im Schoss schaute er mich an.

»Dann hat Luise das ja sicher auch nicht so beurteilt wie Ihre Tochter, richtig? Ihr ging es wirklich nur um die körperlichen Gesten in der Öffentlichkeit und ansonsten hatte sie in emotionaler Hinsicht nichts zu bemängeln.« Intuitiv platzierte ich an dieser Stelle eine Suggestivfrage, um Karl einerseits zu vermitteln, dass ich ihm glaubte und ihn ernst nahm, ihm aber andererseits die Möglichkeit zu geben, ganz ohne Verteidigungsdruck noch einmal selbst in eine andere Richtung zu denken. Die Rechnung schien aufzugehen. Er zögerte, rieb sich den Hals. Seine Mimik ließ vermuten, dass er mit sich kämpfte. »Na ja«, begann er schließlich langsam, »ganz so kann man es nicht sagen, da muss ich wohl ehrlich sein …« Ich legte den Kopf ein wenig schief, um ihm überraschtes Interesse zu signalisieren. »Luise hat schon … Sie hat schon auch einmal etwas Ähnliches gesagt.« Von einem Moment auf den anderen herrschte im Raum eine beinahe aufdringliche Stille. Es kam mir vor, als wären selbst die Schallwellen, die Karls Mund verlassen hatten, überfordert mit dem plötzlichen Eingeständnis. Jetzt durfte ich es nicht vermasseln. Ich wartete noch ein wenig und schlug dann einen verständnisvollen Ton an: »Das tut mir sehr leid zu hören, Herr Steiner. Es ist sicher kein schönes Gefühl, wenn Ihre Bemühungen von beiden Frauen nicht so richtig gesehen werden.« – »Das können Sie wohl laut sagen!«, entgegnete Karl, jetzt wieder aufgebracht. »Gerade meine Tochter sollte es besser wissen. Ich habe immer für sie und meine verstorbene Frau gesorgt, den beiden hat es nie an etwas gefehlt!« Er fühlte sich aufrichtig unverstanden. »Ihre Frau, sagten Sie vorhin, war ja auch sehr dankbar dafür«, warf ich ein, um Karl an etwas Positives zu erinnern. »Konnte sie Ihre Art, Gefühle zu zeigen, einfach besser verstehen als Ihre Tochter und Luise? Oder woran lag das?« Karl nickte mit Nachdruck. »Sie hat sich zumindest nie beklagt, dass ihr etwas fehlt. Wir kamen gut miteinander klar. Und haben beide schon als junge Leute erkannt, dass die Verbindung zwischen uns sinnvoll war. Da gab es diese ganzen Themen und diese Gefühlsduselei gar nicht.« »Sinnvoll?«, hakte ich viel zu schnell nach und versuchte dann, meine Irritation bewusst zu neutralisieren. »Ihre Verbindung war *sinnvoll*. Was bedeutet das?« Karls Stimmlage brachte zum Ausdruck, dass er selbst gar nichts Ungewöhnliches an seiner Aussage fand. »Ganz einfach: Mein Schwiegervater hatte eine gut laufende Anwaltskanzlei, dort bin ich eingestiegen und habe sie später übernommen. Das war in unser aller Sinne.« – »Verstehe«, antwortete ich. »Dann ging es bei Ihrer Ehe gar nicht in erster Linie um romantische Liebe?« Zum zweiten Mal, seit wir zu sprechen begonnen hatten, winkte Karl ab. »Ach was, Liebe! Natürlich ging es auch um Liebe. Aber deshalb muss man sich das ja nicht andauernd sagen und sich in den Armen liegen.«

Ich weiß nicht, ob Karl es an dieser Stelle genauso wahrnahm wie ich – aber es war schon eine etwas absurde Situation: Er als ein Mann, der so vehement vorgab, von »Gefühlsduselei« nichts zu halten, und der seine jahrzehntelange Ehe quasi als Vernunftentscheidung darstellte, hatte den Weg ausgerechnet in eine Liebeskummer-Praxis gefunden. Nicht, dass mich das ernsthaft überrascht hätte, hatte ich doch ohnehin längst die Annahme, dass sich hinter Karls harter Fassade ein weicher Kern befand. Aber ich fragte mich, ob ihm wohl auch dämmerte, dass er insgeheim etwas *wollte*, was er nur einfach nicht *konnte*: romantische Liebe zeigen und empfangen. Zu diesem Zeitpunkt war meine Hypothese, dass er das vermutlich einfach nicht gelernt hatte.

»Ich würde gern mal ein bisschen zusammenfassen«, setzte ich an. »Sie haben mir jetzt von drei Frauen in Ihrem Leben erzählt, die Ihnen nahestehen beziehungsweise -standen. Zwei dieser Frauen haben den Eindruck, dass Sie Probleme damit haben, mit Worten und körperlichen Gesten Gefühle zu zeigen, was sie als schwierig empfinden oder sie vielleicht einfach nur traurig macht. Die dritte hat das Ganze nie thematisiert und so wissen wir nicht genau, ob ihr wirklich nichts fehlte oder ob sie Ihre Partnerschaft möglicherweise anhand anderer Kriterien beurteilt hat.« Karl unterbrach mich nicht und machte auch keinerlei Geste, die mich hätte vermuten lassen, dass er dem widersprechen wollte, was ich als grundsätzliche Zustimmung interpretierte. »Gibt es noch weitere Menschen, die Ihnen etwas Ähnliches schon einmal gespiegelt haben?« Er schüttelte den Kopf. »Nein. Ich habe einige Bekannte, aber dort hat noch nie jemand etwas bemängelt. Mein Bruder lebt seit vierzig Jahren in Australien, wir telefonieren hin und wieder, auch er hat noch nie etwas Derartiges geäußert. Bis ich fünfzig Jahre alt war, lebten meine Eltern noch, wir haben uns zwar nicht häufig gesehen, kamen aber gut zurecht.« Das war mein Stichwort. »Ich vermute, meine nächste Frage wird Ihnen seltsam vorkommen, Herr Steiner«, bereitete ich Karl auf das vor, was ich zu sagen plante, »aber ich würde mich sehr freuen, wenn Sie einer Antwort vielleicht dennoch eine Chance geben.« Gespannt blickte er mich an. »Wie viele Erinnerungen haben Sie daran, als Kind von Ihren Eltern in den Arm genommen worden zu sein?«

Für einen Augenblick befürchtete ich, dass Karl mich auslachen, irgendetwas Abwertendes sagen oder wütend werden würde. Nicht nur, weil er seine grundsätzlichen Vorbehalte gegen »psychologische Unterhaltungen« ja schon deutlich zum Ausdruck gebracht hatte, sondern auch, weil ich gerade von Männern seiner Generation in meinem privaten Umfeld häufig abwehrendes oder belustigtes Verhalten erlebe, wenn es um Kindheitsthemen geht. Dass es auch in ihnen einmal eine kleine, liebesbedürftige Version ihrer selbst gegeben haben könnte, deren Verletzlichkeit bis heute nachwirkt, leugnen sie gern – zumindest nach außen. Karl jedoch bewies jetzt, dass er einen, wenn auch möglicherweise unbewussten Anteil in sich hatte, der nicht nur auf Drängen seiner Tochter hier bei mir saß. Seine spontane Antwort war für mich so knapp wie erschreckend: »Keine.« Er sagte es recht faktisch. »Ich habe keine einzige Erinnerung an eine Umarmung meiner Eltern. Das waren damals die ersten Jahrzehnte nach dem Krieg, sie hatten andere Sorgen.« – »Ja, das habe ich schon häufig gehört«, entgegnete ich wahrheitsgemäß. Da Karl so offen auf die erste Frage reagiert hatte, traute ich mich nachzulegen: »Haben sie Ihnen denn manchmal gesagt, dass sie Sie lieben?«

Karl schüttelte bloß den Kopf. »Und wie oft haben Sie erlebt, dass Ihre Eltern sich gegenseitig in den Arm genommen haben?« Er runzelte die Stirn. »Niemals. Auch später nicht. Meine Eltern waren immer sehr«, er suchte nach dem passenden Wort, »förmlich miteinander. Aber ihre Ehe war dennoch nicht unglücklich, soweit ich das beurteilen kann.« – »Haben Sie nie mit Ihnen darüber gesprochen?« – »Nein natürlich nicht. Über so etwas wurde bei uns nicht geredet …« Karl hob am Ende dieses Satzes die Stimme, so als sollte noch etwas folgen, doch es kam nichts mehr. Er wirkte plötzlich nachdenklich. »Sie ahnen, worauf ich hinausmöchte, Herr Steiner, oder?«, vermutete ich vorsichtig. Beinahe unmerklich hatte sich die Stimmung im Raum während der letzten paar Augenblicke verändert. Karl, der sich zuvor so energisch und allein durch seine Körperhaltung abwehrend gezeigt hatte, kam mir nun ganz ruhig vor. Er hatte sich mit dem Rücken angelehnt, die Hände lagen rechts und links neben den Oberschenkeln und machten keinerlei Anstalten, abermals nach dem Hut zu greifen. Sein Blick, so kam es mir vor, wandte sich nach innen. Vielleicht rief er sich gerade verschiedene Erinnerungen ins Gedächtnis. »Ja, ich ahne, worauf Sie hinausmöchten. Solche Theorien sind mir nicht neu.« Die Antwort galt zwar mir, hätte aber auch Teil eines Selbstgesprächs sein können. Ich gab ihm noch etwas Zeit, ehe ich fortfuhr. »Was meinen Sie genau mit *Theorien*, Herr Steiner? Nur, damit wir auch sicher von der gleichen Sache reden.« – »Dass die Kindheit einen gewissen Einfluss darauf hat, wie man später als Erwachsener … ist!?« Es war nicht ganz klar, ob das eine Feststellung oder eine Frage sein sollte. »Sehr vereinfacht gesagt, genau. Gerade die frühe Kindheit und die Beziehung zu unseren engsten Bezugspersonen, meist sind das die Eltern, prägen einen Menschen in Bezug auf sein Bindungsverhalten und sein emotionales Erleben ein Leben lang, das weiß die Wissenschaft heute. In Ihrem Fall könnte das möglicherweise, und ohne vorschnelle Schlüsse ziehen zu wollen, bedeuten, dass es Ihnen auch deshalb schwerfällt, auf die Art und Weise Liebe zu zeigen, wie beispielsweise Luise es sich wünschte, weil Sie es einfach nie gelernt haben. Dann kann diese Form von Nähe einem Angst machen ...« Karl zeigte keine Reaktion auf meine Worte. »Können Sie das irgendwie mit sich in Verbindung bringen oder halten Sie es für Quatsch?«, bot ich ihm daher an, mir Feedback zu geben. »Nein, nein, das kann schon sein, aber ...« Sein Satz endete abrupt. »Aber ...?«, ermutigte ich ihn weiterzusprechen. »Das habe ich Ihnen vorhin ja schon gesagt«, fuhr er fort. »Man kann über so vieles nachdenken, aber das bringt nichts, wenn es nichts ändert.« Es waren exakt die gleichen Worte, die ich an diesem Tag schon einmal aus seinem Mund gehört hatte, doch im Unterschied zu vorher klangen sie jetzt nicht abschätzig, sondern eher resignativ. »Würden Sie denn überhaupt gern etwas ändern? Wo kein Leidensdruck ist, da muss man auch nicht viel dran herumdoktern, da würde ich Ihnen vollkommen recht geben ...« Mir war klar, dass ich Karl mit meinen Worten die Möglichkeit gab, sich wieder hinter seiner Fassade zu verstecken. Und das war gut so. Wenn ihm das alles hier zu viel wurde, würde ich nicht weiter darauf herumreiten. Was jetzt allerdings passierte, überraschte mich sehr. Karl fing plötzlich an zu lächeln, was einen ganz neuen Mann zum Vorschein brachte. »Wenn meine Tochter mich jetzt hier so sehen könnte. Genau so ein Gespräch muss sie sich vorgestellt haben.« Er schüttelte den Kopf und schien ehrlich amüsiert, zumindest konnte ich keine Ironie erkennen. Ich kannte Karls Tochter Josefine nicht, doch auch unbekannterweise war sie mir sympathisch. »Sie liebt Sie sicher sehr«, drückte ich vollkommen spontan aus, was ich in diesem Moment dachte. Karl blickte mir daraufhin geradewegs in die Augen. Er wurde wieder ernst. »Ja, das tut sie. So wie ich sie auch. Auch wenn ich das wohl häufig nicht so richtig zeigen kann. Ich möchte nicht, dass sie sich Sorgen um mich macht.« Den nächsten Satz sprach er sehr langsam und voller Traurigkeit aus: »Aber sie überschätzt, wie sehr ein alter Mann sich noch verändern kann …« Er schwieg. Das erste Mal während unserer gesamten Sitzung hatte ich das Gefühl, dass eine wahrhaftige Begegnung zwischen uns stattfand. Ich hätte Karl ermutigen und mit ihm darüber diskutieren können, ob eine Veränderung nicht zu jedem Zeitpunkt im Leben eines Menschen möglich war, wenn man sie nur wirklich wollte und bereit war, etwas dafür zu tun. Ihm vor Augen führen, was er möglicherweise gewinnen würde, wenn sich bestätigte, dass er aus absolut nachvollziehbarem Grund einfach Angst hatte, Gefühle und Nähe zuzulassen – und er dann imstande wäre, diese Angst zu überwinden. Doch vielleicht gerade weil Karl und ich uns in diesem Augenblick so aufrichtig nahekamen, tat ich es nicht. Ihm war wohl längst klar, dass sowohl Josefine als auch Luise recht hatten mit dem, was sie sagten. Aber die Wucht des Schmerzes, den es mit sich bringen würde, sich das in seiner ganzen Unwiederbringlichkeit anzuschauen und einzugestehen – all die nicht stattgefundenen Umarmungen, die nicht ausgesprochenen Worte, die nicht gelebte Nähe zwischen ihm und den Menschen, die er liebte, aus 67 Lebensjahren – wäre mit großer Wahrscheinlichkeit einfach zu massiv.

»Wissen Sie, Karl«, es fühlte sich vollkommen natürlich an, ihn nun beim Vornamen zu nennen, »vielleicht muss es gar nicht darum gehen, dass Sie sich verändern, damit Ihre Tochter sich keine Sorgen um Sie macht. Und auch nicht, damit eine Frau wie Luise oder eine andere sich als Partnerin an Ihrer Seite geliebt fühlt. Vielleicht wäre ein erster hilfreicher Schritt, dazu zu stehen, dass es für Sie nicht so einfach ist, Ihre Emotionen zu zeigen. Sie sind vollkommen in Ordnung, genau so, wie Sie sind. Und jeder Mensch, der nicht frei von Empathie ist, wird verstehen, weshalb Sie in diesem Bereich möglicherweise Ihre Schwierigkeiten haben. Zumal Sie in Ihrer Generation alles andere als ein Einzelfall sind.« Karl atmete hörbar tief ein. Anhand seiner Mimik konnte ich erkennen, dass er mir folgte. »Es macht für die Menschen, die Ihnen nahestehen, sicher schon einen großen Unterschied, wenn Sie sich ihnen offenbaren, anstatt ihr Bedürfnis nach lieben Worten und Gesten als *Gefühlsduselei* abzutun. Denken Sie nicht? Das kann andere schnell verunsichern. Und wenn Sie das erst mal geschafft haben, könnten Sie später immer noch entscheiden, ob Sie doch noch genauer nachforschen und versuchen möchten, Dinge aufzuarbeiten.« Es entstand eine längere Gesprächspause, ehe Karl erneut einen tiefen Atemzug nahm. »Vielleicht haben Sie recht«, sagte er dann. »Ich kann es gerade nicht sagen. Ich muss darüber nachdenken.« Er wirkte plötzlich sehr erschöpft. Es war offensichtlich, dass er für den Moment nicht mehr aufnehmen konnte. »Machen Sie das«, stimmte ich zu. »Nur eine letzte Überlegung noch: Wenn es Ihnen schwerfällt, so etwas persönlich auszusprechen, könnte ein Brief auch eine schöne Idee sein. Vielleicht sogar auch für Luise, falls Sie dort noch einmal anknüpfen möchten ...« Karl rieb sich mit der Hand durch das Gesicht. Er nickte. »Ich werde es mir durch den Kopf gehen lassen. Wirklich.«

Wir standen auf und ich begleitete Karl in die Garderobe, wo er seinen Mantel anzog. Ich war schon im Begriff, die Tür zum Hausflur zu öffnen, als mir etwas auffiel: »Ihr Hut! Ihr Hut liegt noch auf dem Sofa!« Ehe Karl etwas hätte antworten können, war ich bereits um die Ecke in den großen Praxisraum gesprungen und griff die elegante Kopfbedeckung an der Krempe, wobei mein Blick ins Innere des Hutes fiel. »Borsalino« stand dort der Name des Herstellers auf einem Schild. Daneben entdeckte ich zu meiner Verwunderung ein Foto, das mit zwei Klebestreifen provisorisch befestigt war. Es zeigte Karl mit einer älteren Dame, an einem Restauranttisch sitzend, jeder ein Glas Sekt vor sich. Unglaublich. Das musste Luise sein. Augenblicklich durchströmten mich Rührung und Mitgefühl für meinen Klienten, der mit seinen fast 70 Jahren wie ein Teenager heimlich ein Bild seiner verflossenen Liebe mit sich herumtrug. Außen hart und innen ganz weich. Dieser Mann wollte – er konnte bloß nicht. »Ich hätte noch eine kleine Idee für eine Art Übung, ehe Sie gehen – natürlich nur, wenn Sie möchten«, sagte ich, als ich Karl seinen Hut überreichte, ohne ihn spüren zu lassen, was ich gesehen hatte. »Es ist etwas ganz Greifbares, wie Sie es sich gewünscht haben, versprochen«, setzte ich lächelnd hinzu, um die Situation etwas aufzulockern. Zu meiner Freude lächelte Karl zurück, er hatte meinen kleinen Spaß verstanden. »Na dann, worum geht es?« – »Ich würde Sie zum Abschied einfach einmal kurz in den Arm nehmen.« Ich weiß nicht, ob Karl erschrocken über meinen Vorschlag war – falls ja, ließ er sich zumindest nichts anmerken. »O.k., ja, das können Sie machen«, erwiderte er schlicht. Wie angekündigt machte ich also einen kleinen Schritt auf ihn zu und schloss meinen Klienten in die Arme. Karl erwiderte die Geste in einer recht steifen Bewegung, wobei er das Gesäß nach hinten streckte und so verhinderte, dass unsere Oberkörper sich wirklich berührten. Es war mehr ein gegenseitiges Anlehnen der Schultern als eine echte Umarmung. Wir hatten kaum eine Sekunde in dieser seltsamen Position verharrt, als ich schon ein Zucken in seiner Muskulatur spürte: Er wollte sich schnell wieder von mir lösen. Natürlich hätte ich gar keine Chance gehabt, diesen großen Mann gegen seinen Willen festzuhalten. Doch indem ich mich nicht von der Stelle rührte, signalisierte ich ihm, dass ich die Berührung eigentlich noch nicht beenden wollte. Stattdessen machte ich mit meinen beiden Händen eine kleine Bewegung auf Karls Rücken und platzierte sie nebeneinander zwischen seinen Schulterblättern. Diesmal war es ein tiefes Ausatmen, das ich an meinem linken Ohr laut hörte, als er sich regelrecht in meine Umarmung sacken ließ. Nun berührten wir uns tatsächlich. Es vergingen vielleicht vier oder fünf Atemzüge, ehe ich das nächste Zucken in seinen Muskeln spürte, und diesmal gab ich dem nach. »Ich wünsche Ihnen von ganzem Herzen alles Liebe, Karl«, sagte ich, nachdem wir uns voneinander gelöst hatten, und schaute ihn an. Karls Augen wirkten etwas glasig, als er seinen Hut aufsetzte. »Danke. Das war eine interessante Übung. Und eine ungewöhnliche Erfahrung für mich. Ich werde ernsthaft über all das nachdenken. Vielleicht melde ich mich dann noch einmal.« – »Gern«, gab ich aufrichtig erfreut zurück. »Jederzeit.« Nun öffnete ich wirklich die Tür und entließ Karl in die warme Frühlingsluft.

Ungefähr drei Wochen nach diesem Tag, es war inzwischen richtig warm draußen, schlenderte ich mit meinen beiden Hunden durch den Wald, als ich an einer sonnigen Bank am Ufer des Berliner Grunewaldsees vorbeikam. Ich näherte mich der Bank von hinten und sah daher nur die Rücken der beiden Menschen, die dort Platz genommen hatten: ein älterer Herr mit üppigem grauen Haar, neben sich eine deutlich jüngere Frau. Die beiden schienen in ein Gespräch vertieft zu sein. Meine Hündin Jule hatte damals die von mir nicht so gern gesehene Angewohnheit, fremde Leute stürmisch zu begrüßen. Ehe ich reagieren konnte, war sie schon auf die Bank zugerannt und sprang schwanzwedelnd um die beiden Personen herum, die das zum Glück freundlich kommentierten. Ich rief nach ihr und näherte mich, bereits Entschuldigungen vorbringend, als der Mann sich zu mir umdrehte – und wir uns beide verblüfft ansahen. Es war Karl, der mich auch sofort erkannte. Er stand auf. »Frau Sohn, das ist ja eine Überraschung!« Ich lachte. »Ja, das kann man wohl sagen, guten Tag!« Inzwischen war ich neben der Bank angekommen. »Josefine«, wendete sich Karl an seine Begleiterin, »das ist Frau Sohn, du weißt. Frau Sohn, meine Tochter, Josefine.« Die junge Frau mit den langen roten Haaren und vielen Sommersprossen im Gesicht erhob sich nun auch. »Das gibt es doch gar nicht«, sagte sie. »Gerade vorhin haben wir noch von Ihnen gesprochen.« Ich staunte. »Ach was, wirklich? Ich hoffe, nur Gutes«, scherzte ich und hätte mir am liebsten sofort auf die Zunge gebissen, so unpassend fand ich meinen eigenen Spruch. Doch die beiden schienen sich daran nicht zu stören. »Absolut«, bestätigte Josefine. »Sie haben für ganz schön viel Gesprächsstoff zwischen meinem Vater und mir gesorgt. Warum liebe ich, wie ich liebe, das ist eine große Frage. Mal schauen, was wir daraus noch machen.« Sie lächelte Karl an, der das freundlich erwiderte. »Schön«, kommentierte ich und freute mich aufrichtig, auch über Josefines tolle Formulierung. »Ja, auch von mir noch einmal danke dafür«, ergänzte Karl, als Jule, die inzwischen von den beiden abgelassen hatte, gerade in Richtung der nächsten Bank raste. »Oh je«, sagte ich und zeigte auf sie. »Ich lasse Sie beide mal in Ruhe reden und flitze da hinterher, bevor sie jemanden erwischt, der Hunde nicht so mag!«

Die beiden wünschten mir noch einen schönen Nachmittag und wir verabschiedeten uns.

Nach dieser Begegnung habe ich von Karl nichts mehr gehört. Ich weiß nicht, ob unser Gespräch in meiner Praxis Luise zu ihm zurück- oder eine neue Partnerin in sein Leben gebracht hat oder ob es ihn vielleicht sogar dazu bewogen hat, später doch noch eine Psychotherapie zu beginnen. Aber selbst wenn die Stunde mit Karl nur dazu beitragen konnte, die Beziehung zwischen ihm und seiner Tochter ein wenig vertrauter zu machen, ist das für mich schon ein großer Grund zur Freude.

♥

Sofern du meine Fragen für ein glückliches L(i)eben der Reihe nach gelesen hast, hast du nun zehn Fallgeschichten meiner Klienten kennengelernt. Es ging dabei um sehr unterschiedliche Menschen und verschiedene Themen – aber dennoch ist dir vielleicht aufgefallen, dass es bei vielen eine Parallele gab: Da war zum Beispiel Michaela, die aufgrund ihrer von Gewalt geprägten Kindheit bereits als kleines Mädchen gelernt hatte, sich in Fantasiewelten zu flüchten. Mina, die den Glaubenssatz »Ich muss mich anstrengen, um geliebt zu werden« im Verhältnis zu ihrem Vater schon früh erworben hatte und dieses Muster in ihrer Affäre fortsetzte. Philippa, deren Weg durch ihre Familie von klein auf vorgezeichnet war, und den sie nur schwer verlassen konnte. Lukas, der sich in jungen Jahren so allein gefühlt hatte, dass die Angst vor der Einsamkeit ihm bei der Partnersuche im Weg stand. Oder natürlich Karl, von dessen Schwierigkeiten, Gefühle zu zeigen und Nähe zuzulassen, du gerade gelesen hast. All diese Menschen waren erwachsen, als sie zu mir kamen – wurden bei genauem Hinschauen in ihrem Lieben und Leben aber noch immer von ihrer Kindheit beeinflusst. Und nicht nur sie. Ich bin mir sicher, dass sich auch bei jenen meiner Protagonisten, mit denen ich im Beratungsverlauf nicht explizit über Kindheitszusammenhänge gesprochen habe, einiges mit frühen Prägungen hätte erklären lassen. Ganz bewusst habe ich für dieses Kapitel die Unterschrift »Über die wichtigste und leider auch schwierigste Frage des L(i)ebens« gewählt – denn genau das ist sie für mich.

Um zu verstehen, warum die Erfahrungen der ersten Lebensjahre für uns alle in psychischer Hinsicht so unglaublich wichtig sind, musst du zunächst eines wissen: Menschen haben ein angeborenes Bedürfnis nach Bindung. Schon wenn wir zur Welt kommen, brauchen wir für unser Überleben nicht nur Nahrung, Hygiene und Schlaf, sondern auch emotionale Zuwendung. Sehr drastisch hat das ein grausames Experiment Friedrich des Zweiten (1194–1250) gezeigt: Er befahl, dass mehrere Säuglinge nach der Geburt von ihren Müttern getrennt und von Ammen übernommen wurden, die die Kleinen zwar mit Nahrung und Hygiene versorgten, ihnen gegenüber aber keinerlei Liebkosungen zeigen oder mit ihnen kommunizieren durften. Ziel des Experiments war, eigentlich herauszufinden, ob die Kinder dennoch irgendwann sprechen lernen würden. Doch alle Babys starben nach kurzer Zeit. Ohne es zu beabsichtigen, hatte man so herausgefunden, dass Bindung und Beziehungsaufbau für uns Menschen nicht nur schön, sondern tatsächlich überlebenswichtig sind. Inzwischen gibt es jede Menge moderne Forschung zum Thema Bindung und es besteht auch von wissenschaftlicher Seite kein Zweifel mehr daran, wie sehr wir Menschen auf Beziehungen zu anderen angewiesen sind.

Ein Baby kommt also zur Welt und ist schon qua Geburt auf Bindung »programmiert«. Gleichzeitig ist sein Gehirn jedoch noch nicht weit genug entwickelt, um eine Vorstellung davon haben zu können, welche Art von zwischenmenschlichem Umgang gesund und gut, respekt- und liebevoll ist. Es muss nehmen, was kommt. Hat es Glück, stößt es in dieser ersten, so wichtigen Phase auf Bindungspersonen (die bedeutsamsten sind in der Regel die Eltern, müssen es aber nicht sein), die seinen Start ins Leben mit viel Liebe, Geduld, Respekt, Verlässlichkeit, Einfühlungsvermögen und Verständnis begleiten. Die ihm das Gefühl vermitteln, richtig und wertvoll zu sein. Ein Kind, dessen erste Erfahrung mit Bindung so aussieht, verinnerlicht mit großer Wahrscheinlichkeit ein positives Bild von Beziehungen. Es lernt einen vertrauensvollen, sicheren und beständigen Umgang, es fühlt sich wohl und geborgen, aber auch darin bestärkt, sich frei zu entwickeln. Es merkt, dass alle Gefühle gezeigt werden können. Die guten wie die schlechten.

Was aber, wenn ein Kind ganz anders in unsere Welt startet? Wenn seine ersten Jahre, in denen im Gehirn so unendlich viele Synapsen gebildet werden, seitens seiner Bezugspersonen von Faktoren wie Überforderung, emotionaler Kälte, Ambivalenz, Unzuverlässigkeit, Ungeduld, Stress, Abwertung, Desinteresse, Vernachlässigung oder Angst geprägt sind? Es ist nicht schwer, sich vorzustellen, dass das innere Bindungserleben eines solchen Kindes ganz anders aussieht. Es wird zwar spüren, dass vieles ihm wehtut und es sich unverstanden und allein fühlt – doch es wird diesen Zustand als einen unvermeidbaren Teil von Beziehungen hinnehmen, die es fortan als unsicher und vielleicht sogar Furcht einflößend empfindet. Denn: Ein Kind, dessen Eltern sich ihm gegenüber »schlecht« verhalten, zweifelt kaum an ihnen, aber sehr an sich selbst.

Unser angeborenes Bedürfnis nach Bindung bleibt ein Leben lang bestehen. Und so werden beide hier von mir beschriebenen Menschen, so unterschiedlich ihre früh erlernten »Beziehungsschablonen« auch aussehen, als Erwachsene weiterhin den Wunsch verspüren, in Beziehung zu anderen zu sein. Selbst jemand, der in jungen Jahren vielleicht gelernt hat, dass Beziehungen ein Ort sind, an dem man auf der Hut sein muss, an dem die eigenen Bedürfnisse und Emotionen nicht gesehen oder respektiert werden und auf dessen Existenz man sich nicht verlassen kann, *kann* in der Konsequenz nicht einfach auf Bindungen verzichten. Vielleicht wird er in manchen oder auch besonders extremen Fällen versuchen, ihnen grundsätzlich aus dem Weg zu gehen, sich dabei aber nicht wirklich wohlfühlen. Die meisten Betroffenen tragen ihre schwierigen, ganz frühen Beziehungserfahrungen jedoch in ihre späteren Partnerschaften und versuchen dort mit verschiedenen Strategien und Verhaltensmustern, ihre Angst vor der Wiederholung des kindlichen Schmerzes in Schach zu halten. So wird ein Erwachsener, dessen Eltern sich in seiner Kindheit sehr ambivalent ihm gegenüber verhalten haben – also mal zugewandt und liebevoll, mal abweisend –, sich in einer späteren Beziehung unter Umständen sehr anklammernd zeigen und die andauernde Rückversicherung seines Partners brauchen, dass wirklich noch alles okay ist. Oder jemand, der in seiner Kindheit erlebt hat, dass seine Gefühle nicht ernst genommen wurden, könnte sich später schwertun, überhaupt Nähe zuzulassen, aus Sorge, dabei bloßgestellt zu werden. Sicher hast du schon einmal von den verschiedenen Bindungstypen gehört, die wissenschaftlich unterschieden werden. Ich möchte an dieser Stelle nicht detaillierter auf diese theoretischen Grundlagen eingehen, da ich mich in allem, was ich hier schreibe, vor allem auf praktische Erfahrungen beziehe. Wenn dich dieses Thema grundsätzlich interessiert, macht es aber absolut Sinn, dazu anderswo noch einmal weiterzulesen, wozu ich dich gern ermutigen möchte.

Zu Beginn dieses Kapitels habe ich etwas überspitzt und plakativ geschrieben, dass man kein Trauma im »klassischen« Sinne erlebt haben muss, um ein traumatisiertes Kind zu sein – und mir ist klar, dass die Begrifflichkeit hier aus psychologischer Sicht nicht korrekt gewählt ist. Aber was ich damit meine, ist, dass ich bei vielen meiner Klienten massive Probleme in Bezug auf Beziehungen, Selbstwert und Selbstliebe beobachte, die sie auf Erfahrungen zurückführen, die wirklich viele Kinder machen müssen – und die nicht als offiziell traumatisiert, sondern sogar als »normal« gelten. Wie häufig hört man von Eltern, die ihre Säuglinge zum Einschlafen schreien lassen, anstatt sie geduldig in den Schlaf zu begleiten? Von Babys, die mit nur wenigen Monaten stundenlang in die Obhut einer Krippe gegeben werden, obwohl sie laut weinend ausdrücken, dass sie nicht von ihren Bezugspersonen getrennt werden möchten? Und wie oft erlebt man in der Öffentlichkeit Mütter und Väter, die ihre Kleinkinder genervt schimpfen, anbrüllen oder sogar körperlich zurechtweisen? Aus erwachsener Perspektive mag all das kein großes Drama sein, ein Ausrutscher, der mal oder auch mal öfter passieren kann. Wenn man sich aber in einen kleinen Menschen hineinversetzt, der gerade versucht herauszufinden, wie Beziehungen funktionieren und wer er in dieser Welt ist, sieht das schon ganz anders aus.

Die allermeisten Eltern, die sich auf eine solche Weise ihren Kindern gegenüber verhalten, tun das wie gesagt nicht, weil sie ihnen schaden wollen. Sondern sie wiederholen – unbewusst oder weil sie es nicht anders schaffen – das, was sie in ihrer eigenen Kindheit erfahren haben. Dazu trägt bei, dass seit dem 18. und bis zur Mitte des 20. Jahrhunderts in unserer Gesellschaft ein sehr negatives Kinderbild vorherrschte und ein entsprechender Erziehungsstil davon abgeleitet wurde. Vielleicht sagt dir der Begriff »schwarze Pädagogik« etwas oder du hast schon einmal vom erfolgreichsten deutschen Elternratgeber der Nazizeit gehört, *Die deutsche Mutter und ihr erstes Kind* von Johanna Haarer. Darin beschrieb die Autorin unter anderem, wie wichtig es sei, den Willen von Kindern, die sie als Tyrannen empfand, durch eine strikte Erziehung und Strenge zu brechen. Man sollte die Kleinen auf keinen Fall mit Liebe und Zuwendung verwöhnen und sie im Gegenteil wegen eventueller Schwächen ruhig verspotten – damit sie diese dann »bessern« könnten. Körperkontakt zwischen Eltern und Kind war gänzlich verpönt, Hautberührungen unerwünscht, um den Nachwuchs nicht zu verweichlichen. Ich weiß nicht, wie du dich fühlst, während du dies liest, aber mir läuft jedes Mal wieder ein Schauer über den Rücken, wenn ich mir vorstelle, wie viele Kinder solche ersten Beziehungserfahrungen gemacht haben müssen.

Nun könnte man sagen: Das ist alles ewig her, traurig für diejenigen wie Karl, die darunter leiden mussten, aber heute gibt es doch, gerade auf Basis der fortgeschrittenen Bindungsforschung, ganz andere Ansätze in der Pädagogik, die inzwischen ein positives Kinderbild besitzt und mit Aspekten wie Bedürfnisorientierung und gewaltfreier Kommunikation arbeitet. So einfach ist es jedoch leider nicht. Wie schon erwähnt wissen zwar viele von uns es heute vom Kopf her »besser«, aber alte Erziehungsstile verschwinden nur langsam, schleppend und über viele Generationen hinweg. Genauso, wie im Kleinkindalter unser Beziehungsverhalten für ein Leben geprägt wird, prägen sich auch die Erziehungsmethoden unserer Eltern tief in unseren Gehirnen ein: Im Umgang mit unseren eigenen Kindern verhalten wir uns – selbst, wenn wir es nicht wollen – gerade in Stress- situationen schnell so, wie wir selbst es früher einmal er- lebt haben. »Stell dich nicht so an!«, »Wenn du jetzt nicht lieb bist, ist die Mami traurig!«, »Mit dir muss man sich schämen!«, »Wenn du nicht sofort kommst, lass ich dich hier allein!«, »Ich bin hier der Erwachsene, du hörst gefäl- ligst auf mich!« Kommt dir so etwas vielleicht bekannt vor? Oder Kommentare wie folgende von Omas, Opas, Tanten und Onkeln gegenüber jungen Eltern: »Lass das Baby mal schreien, das kräftigt die Lungen!«, »Nimm den Kleinen nicht gleich auf den Arm, wenn er weint, der tanzt dir sonst irgendwann auf der Nase rum!«, »Jetzt will sie deine Gren- zen testen, da musst du hart bleiben«, »Das Kind gehört von Anfang an zum Schlafen allein in sein eigenes Zimmer, das schadet sonst eurer Ehe!« All das ist auch heute gar nicht so selten, oder? Umso schwieriger ist es, sich als Eltern da- von freizumachen.

Ich muss zugeben, dass auch ich erst, seit ich Mutter bin, wirklich mit dem Herzen *fühlen* kann, was für teilweise »kleine« Ereignisse, Aussprüche und Gesten in der Kind- heit meiner Klienten großen Schaden angerichtet haben – weil ich einerseits die Empfindsamkeit meines Sohnes miterlebe, aber im Umgang mit ihm auch meine eigene Kindheit noch einmal besonders intensiv reflektiere. »Wa- rum liebe ich, wie ich liebe?«, ist eine Frage, die jede Menge Reflexion, Energie, Zeit und vor allem Mut, die eigenen

Kindheitsprägungen aufzuarbeiten, kostet. Aber es lohnt sich so sehr. Denn wenn du es tust, wirst du dich selbst besser verstehen. Du wirst die Möglichkeit bekommen, eventuelle Konflikte mit deinem Partner oder auch innerhalb deiner Herkunftsfamilie zu begreifen und aufzulösen. Glücklicher zu lieben und zu leben. Und es für die folgenden Generationen anders zu machen.

PS für dein Herz:

Das, was du heute bist und fühlst, ist eine Summe deiner Erfahrungen - auch und gerade der ganz frühen.

Sich ihnen zuzuwenden kann wunderschön, unvergleichlich aufschlussreich, aber leider auch wahnsinnig schmerzhaft sein. Wenn du das befürchtest und dennoch hinschauen möchtest, nimm dir bitte unbedingt professionelle Unterstützung. Wer seine eigenen Wunden kennt, kann sie heilen - oder sich selbst zumindest besser verstehen.

Danke!

Philipp und Vigo für eure Geduld, Unterstützung und vor allem: Liebe.

Katrin Kroll für das gemeinsame Denken und gegenseitige Inspirieren. Ohne dich gäbe es dieses Buch nicht.

Marlen Günther für deine Begleitung, Unterstützung, Klugheit und einfach dich selbst. Ich freue mich schon aufs nächste Mal!

Jessica Hein vom Heyne Verlag und Olivia Kuderewski für das so behutsame und sensible Lektorat.

Lea Gericke, Jess Doenges, Simone Kauth, Melanie Heims, Heike Hausmann, Regine Buerner, Nina Krasemann, Kathrin Menz, Bastian Fuchs, Katja Menz für euer tolles Feedback als Testleserinnen und -leser!

Dem ganzen Team der Liebeskümmerer für eure wundervolle Arbeit.

Dem Café Goodies in Berlin-Schlachtensee für unzählige entspannte Stunden, den besten Kaffee und tolle Begegnungen beim Schreiben.